edition Lichtland

Umschlagbild:
Ausschnitt aus: Schloss Wolfstein,
Aquarell von Alexander Erhard d. Ä. (um 1850),
Bild-Archiv Karl-Heinz Paulus

Grafische Gestaltung und Satz:
Edith Döringer, Melanie Lehner

Verlag:
edition Lichtland, Stadtplatz 6, 94078 Freyung
Deutschland

1. Auflage 2023
ISBN: 978-3-947171-54-5

www.lichtland.eu

ANDREA VOGGENREITER

FREIUNG

EINE JUNGE FRAU ÜBERLEBT

TEIL 1

BÖHMERWEG, FRÜHLING 1347

„Heda! Sofort anhalten!“

Gisel fuhr vor Schreck zusammen. Beinahe wäre sie gegen Lorenz geprallt, der abrupt stehen geblieben war. Sie hatte die ganze Zeit dem dumpfen Hufschlag der vier Pferde mit ihren Reitern und der drei Maultiere sowie dem leisen Pfeifen von Lorenz gelauscht. Den Blick hatte sie dabei immer auf Lorenz Lederstiefel geheftet. Sie waren nur zu sechst. Die anderen Siedler würden sie erst auf Schloss Wolfstein treffen und die anwesenden Männer waren wenig gesprächig. So gab es keinen, mit dem sie über ihre ungewisse Zukunft hätte reden können – wie die neue Heimat wohl aussah, wie sie wohnen würden, wer die anderen Siedler waren. Also hatte sie ihren Gedanken nachgehangen. Doch jetzt waren Mensch und Tier schlagartig verstummt.

Zwei abgerissene Gestalten versperrten den Weg, die Mützen tief in die Gesichter gezogen, die Haare fettig auf die Schultern herabhängend, jeder eine Hellebarde in der Hand. Gisel schluckte. Die schrecklichen Beschreibungen von Räubern in Schwester Hildegards Märchen und Erzählungen trafen auf diese Männer zu. Ihre Brust verkrampfte sich zu einem harten Klumpen.

Sie blickte sich um. Verschwunden war das junge Grün der Wiesen mit Gänseblümchen, Veilchen und Schlüsselblumen, der munter gluckernde Bach, der blaue Himmel mit seinen Schäfchenwolken. Aus dem breiten, flach getretenen Hohlweg war ein steiler, schmaler Steig über Wurzeln, Stein und Fels geworden, der das Vorankommen sehr erschwerte. Ein Säumer, der mit seinem Lasttier Waren von Passau über den Böhmerwald in die Länder der Slawen transportierte, hätte hier kaum noch neben seinem Pferd hergehen können, so eng war der Pfad jetzt. Wenn es nur nicht so düster gewesen wäre! Alles Sonnenlicht wurde von dem ausladenden Astwerk der Tannen und Fichten über ihr verschluckt.

Gisel roch die Nadeln und das Moos, spürte feuchte Kühle auf ihrer Haut. Still war es jetzt, und sie konnte ihren eigenen Atem hören. Irgendwo rief ein Käuzchen. Die Pferde stampften unruhig auf dem Boden. Das Eisen der Rüstungen klirrte leise bei jeder Bewegung der Reiter. Lorenz keuchte.

Die beiden Gestalten, die dem Lokator als Führer des Trosses gegenüberstanden, waren so finster wie der Wald. Sie nahmen Seite an Seite die ganze Breite des Pfades ein. Rechts davon führte eine mit Gestrüpp bewachsene Böschung hinauf zu den mächtigen Baumstämmen. Auf der linken Seite rollten losgetretene Steine vom Pfad in den schroffen Abgrund, klackten ein paar Mal gegen den Felsen und platschten schließlich weit unten ins Wasser.

Eine der beiden Gestalten schien der Anführer zu sein. Er ging zwei Schritte auf Elias zu und ergriff das Zaumzeug des Pferdes. Der Mann war von stämmigem Wuchs, trug ein zerlumptes Wams und einen verwilderten Bart. Erstaunt stellte Gisel fest, dass auch der Lokator, der seinen tänzelnden Schimmel zu beruhigen suchte, einen Zug von Wildheit an sich hatte, der dem des Räuberanführers vor ihm nicht unähnlich war. Allerdings konnte Gisel nicht benennen, woran das lag. Denn der Lokator war ein Edelmann, sein Bart war ordentlich gestutzt, und er war größer von Statur und besser genährt. Vielleicht lag es an der Kleidung, die er trug, oder an seiner Rüstung: ein Kettenhemd mit einem Pelzüberwurf, ein spitzer Helm und gestreifte Beinlinge. Diese Kombination war für Gisel ungewohnt und unterschied sich von der Montur der beiden Ritter hinter ihr, die den Tross begleiteten.

„Was wollt ihr?“, fragte der Lokator lauernd.

Der Anführer grinste breit und entblößte seine verfaulten Zähne. „Alles, was ihr habt!“

Die Ritter, die die drei Lasttiere sicherten, zogen ihre Schwerter.

„Die würde ich schön stecken lassen.“ Der Räuberhäuptling tat einen Pfiff. Rechts oberhalb von Gisel raschelte es im Unterholz. Unvermittelt kamen an der Flanke des Trosses ein Dutzend Männer zwischen den Bäumen und Sträuchern hervor. Ihre Kleidung bestand aus Lumpen. Ihre Gesichter waren schmutzverschmiert, ihre Körper ausgemergelt. In den

Händen hielten sie Äxte und Knüppel. Der Anführer nickte zufrieden und ließ seinen Blick über den Tross schweifen, bis er bei Gisel hängenblieb.

„Oh, ein hübsches Fräulein habt ihr dabei."

Gisel war angewidert vom Anblick der abgerissenen Gestalten, traute sich aber kaum zu atmen. Ihre Schläfen pochten.

„Wir befreien Euch von Eurem Gepäck und nehmen das Mädchen mit." Er deutete auf Gisel.

„Da müsst ihr aber erst an uns vorbei!", knurrte Elias und umschloss mit den Fingern seinen Schwertknauf.

„Oh, das ist gar nicht nötig! Hans?"

Ein grobschlächtiger Mann löste sich aus der Gruppe, die rechts von ihnen zwischen den Bäumen erschienen war, und rutschte so flink den Abhang hinab, dass Steine und Erdbrocken nur so prasselten. Ehe Gisel sich versah, war er bei ihr und packte sie. Sein Arm legte sich wie ein Schraubstock von hinten um ihre Brust. Sie fühlte den kalten Stahl an ihrer Kehle. Der Atem des Mannes stank nach Fäule. Sie konnte sein Gesicht nicht sehen, doch die Stoppeln seines Bartes kratzten an ihrer Wange.

„Keine Bewegung!", schrie der Räuberhäuptling. „Sonst ist sie hin!"

Gisel wurde übel. „Lorenz!"

Lorenz machte vor Schreck einen Satz zur Seite und knickte dabei um. Im Fallen sah er ihr direkt ins Gesicht, seine grünen Augen geweitet vor Angst. Sein Sack landete mit dumpfem Poltern neben ihm. Lorenz blieb liegen und hielt sich stöhnend den Knöchel. Es war, als würde er hinter seinen Habseligkeiten Schutz suchen.

Hans lachte laut auf. „Einen treuen Beschützer hast du dir da ausgesucht!" Er spuckte vor Lorenz auf die Erde.

Der Anführer stieß erneut einen Pfiff aus. Sogleich machten sich die anderen Räuber über die Lasttiere her. Gisel hörte, wie sie hinter ihr

Taschen und Kisten durchwühlten. Sehen konnte sie nichts, denn ihr Peiniger hielt sie immer noch von hinten fest, damit sie den Kopf nicht drehen konnte. Sie krallte ihre Finger tief in seinen speckigen Rock und hörte seinen rasselnden Atem dicht an ihrem Ohr.

„An die Waffen!" Elias' Stimme klang heiser, als er sein Schwert zog. Sein Gehilfe tat es ihm gleich und zusammen stürzten sie sich auf die Räuber vor ihnen. Diese parierten mit ihren Hellebarden, drehten und duckten sich unter den Schwertstreichen weg. Elias drang auf den einen ein, sein Gehilfe auf den anderen. Auch sie waren wendig, und das Hin und Her des Kampfes schien wie ein Spiel gleicher Kräfte. Hinter Gisel klirrten ebenfalls Klingen, knirschten Schritte über den Boden, erklangen Schreie, Gekeuche und dumpfe Schläge. Die Lasttiere scheuten und stampften unruhig mit den Hufen auf den steinigen Untergrund.

Der Stahl drückte hart gegen Gisels Kehle, und Hans begann, sie zur Böschung zu zerren. Nein, unter keinen Umständen würde sie mit diesen Männern gehen! Eher würde sie sich umbringen lassen! Gerade hatte sie ihre Freiheit erlangt, und jetzt sollte sie sie wieder verlieren? Sie biss dem Mistkerl in den Arm. Der schrie auf und lockerte seinen Griff. Gisel wand sich aus seiner Umklammerung und versuchte instinktiv, in Richtung Böschung zu fliehen, doch grobe Hände packten sie fest von hinten und rissen sie herum. Sie blickte in das wutverzerrte Gesicht von Hans. Der gab ihr eine schallende Ohrfeige, sodass sie taumelte. Der durchdringende Schmerz entfesselte blanke Wut in ihr. Wie wild schlug und trat sie um sich, blind dafür, was weiter um sie herum geschah.

Plötzlich erklang ein widerliches Schmatzen. Einen Augenblick später ließen die Hände des Räubers von ihr ab und sanken herab. Er sackte in sich zusammen. Blut rann aus einer klaffenden Wunde in seinem Schädel. Panisch blickte Gisel sich um, doch sie sah nur noch große schwarze Flecken. In ihren Ohren wuchs ein grelles Pfeifen zu unerträglicher Lautstärke an. Ihre Knie gehorchten nicht mehr und gaben nach. Völlige Dunkelheit übermannte sie.

„Gisel! Gisel!"

Sie spürte, wie jemand ihre Wangen tätschelte. Die tiefe, sanfte Stimme drang von weiter Ferne an Gisels Ohr. Sie verharrte einen Moment, ehe sie die Lider aufschlug. Vor Schreck zuckte sie zusammen. Das Gesicht des Lokators war ganz nahe über ihr. Seine Augen waren geweitet, seine Lippen schmal. Er schien besorgt.

Gisel raffte sich auf. Dort, wo der Stahl gegen ihren Hals gedrückt und Hans' Finger sich in ihre Haut gegraben hatten, zog und schmerzte es unangenehm. Doch schlimmere Verletzungen hatte sie nicht. Neben ihr lag die Leiche von Hans, widerwärtig zugerichtet. Blut quoll ihm aus mehreren tiefen Wunden in der Brust. Die Augen glotzten gebrochen in den Himmel, Schaumbläschen hatten sich vor seinem Mund gebildet. Sein Körper dampfte noch. Gisel konnte nicht lange besinnungslos gewesen sein.

„Ist dir was passiert?", fragte der Lokator. Er reichte ihr den Arm und half ihr beim Aufstehen.

Benommen schüttelte Gisel den Kopf. Sie sah sich um. Bei den Lasttieren lagen vier weitere Räuber. Einer von ihnen stöhnte noch und hielt sich seinen Bauch, aus dem das Gedärm hervorquoll. Einer der Ritter ging neben ihm in die Hocke und schlitzte ihm mit seinem Schwert die Kehle auf. Blut spritzte in einer schnell versiegenden Fontäne. Der Mann wand sich im Todeskampf und sein Gurgeln und Röcheln gingen Gisel durch Mark und Bein.

Auf dem Weg voraus lagen der Räuberanführer und sein Kumpan niedergestreckt auf dem Boden. Ein großer Schrecken durchfuhr Gisel, als sie Lorenz unter dem Anführer liegen sah.

„Lorenz?" Sie stürzte zu ihm, packte seine freiliegende Hand, befühlte seine Brust. War er noch am Leben?

Lorenz blinzelte. „Gisel! Ist es vorbei?" Er kam unter der Leiche hervorgekrochen und stellte sich auf wackelige Beine. Sein Gesicht war kreidebleich.

Gisel atmete auf. Ihm war nichts passiert!

Der Lokator ging zu Lorenz, klopfte ihm auf die Schulter. „Die überfallen keinen mehr, nicht wahr?"

Lorenz nickte, seine Mundwinkel nach unten gezogen, die Schultern schlaff herabhängend. Wie mutlos er neben dem Lokator aussah, der jetzt das Blut mit einer Handvoll Moos von seinem Schwert rieb. Auch Elias'

Kettenhemd hatte ein paar Spritzer abbekommen. Dennoch schien ihm die Abwehr des Überfalls keine Mühe bereitet zu haben.

„Sammelt unser Gepäck wieder ein! Wir müssen zügig weiter, sonst erreichen wir die Burg nicht vor Sonnenuntergang!“, ordnete er an. Er leitete die Unternehmung zur Besiedlung der Freiung nahe Burg Wolfstein und war daher für den Tross verantwortlich. „Viel dürften diese Halunken bei ihrer Flucht ohnehin nicht mitgenommen haben. Ihre Kumpane da sind gefallen wie die Fliegen.“

Der Gehilfe des Lokators und die Ritter befolgten den Befehl und sammelten die umherliegenden Kisten und Säcke ein. Mehrere davon waren beschädigt. Äxte und Hämmer waren herausgefallen; Getreide lag verstreut auf dem Waldweg. Lorenz hastete zwischen den anderen Männern herum und versuchte sich ebenfalls nützlich zu machen.

Wie angewurzelt blieb Gisel stehen und sah ihren Begleitern mit offenem Mund zu. Sie schauderte, als sie den Blick über die Leichen mit ihren verzerrten Mündern und verdrehten Augen schweifen ließ. Jetzt hätte sie eine Umarmung von Lorenz gut gebrauchen können, eine warme Geste, damit sie sich nicht so verloren fühlte. Doch Lorenz vermied es, sie anzusehen, vermied sogar ihre Nähe.

„Geht es dir wirklich gut?“

Gisel fuhr hoch. Die gütigen, braunen Augen des Lokators musterten sie. Nein, darin lag nichts Wildes. Wie war sie nur auf den Vergleich mit dem Räuberanführer gekommen? Elias lächelte sie an. Ihr Herz machte einen Sprung. Als er sich abwandte, schlug sie die Hände vors Gesicht. Seit gestern war sie eine verheiratete Frau. Vor Gott hatte sie Treue geschworen. Fort mit den verwerflichen Gedanken!

Der Tross war bereit zur Weiterreise. Den Männern und Gisel war nichts passiert, die geflohenen Räuber hatten Lebensmittel und einige Geräte der Siedler mitnehmen können.

Gisel heftete ihren Blick wieder auf die Lederstiefel von Lorenz vor sich. Seine Schritte schlurften, sein Kopf war eingezogen. Die Hufe der Pferde klapperten laut auf dem felsigen Untergrund.

PASSAU, EINIGE TAGE ZUVOR

Gisel trat aus dem Kreuzgang heraus in den Kräutergarten. Der war gerade so groß, dass eine in der Mitte gepflanzte Eiche ihre Äste ausbreiten konnte. Die Blätter des Baumes hatten die hellgrüne Farbe des Frühlings angenommen und raschelten leise im Wind. Darüber tünchte die aufgehende Sonne die Wolken in ein sattes Orangerot. Zwischen den Mauern des Kreuzganges mit seinen schmalen, hohen Rundbogenfenstern waren vier mal vier kleine Beete angelegt. In jedem der sechzehn Quadrate wuchsen verschiedene Kräuter wie Salbei, Beinwell und Fenchel, die einen intensiven Geruch verbreiteten. Faustgroße Steine umrandeten die Beete, zwischen ihnen verlief ein Raster aus Kiespfaden. Eine Amsel hüpfte über das feuchte Gras unter der Eiche und pickte nach einem Wurm.

Vor einem Beet kniete Gisel nieder. Zwischen den Blättern der Schwertlilien mit ihren langen, violett-grünen Blütenknospen blitzten in den ersten Sonnenstrahlen die silbernen Tautröpfchen auf einem Spinnennetz. Ein frischer Wind hauchte über Gisels Wangen und spielte sanft mit den Bändern ihrer Haube.

Während sie mit den Fingern in der Erde scharrte, hastete ein schwarzer Käfer davon. Leise summte Gisel vor sich hin.

„Frühlingszeit bannet Leid
Fröhlichkeit ist gebreit‘
über Berg und Tal und grüne Auen
An dem Rain Blümelein
groß und klein, neu erschein‘n
weiße rote gelbe samt den blauen.“

Die wenigen Augenblicke des Sonnenaufganges gehörten Gisel, hier im Garten, allein. Sie sah nach dem Rechten, jätete Unkraut, sammelte Schädlinge ein und schnitt die Kräuter, die später zum Kochen verwendet wurden. Dabei überkam sie ein Hauch von Freiheit in diesem friedlichen Paradies inmitten der lärmenden, stinkenden, grauen Stadt Passau, deren Silhouette sich hinter den Mauern des Klosters Niedernburg erhob. Gisel holte tief Luft, um Kraft zu schöpfen.

Ihre Tage verbrachte sie überwiegend in den spärlich beleuchteten, nach Moder und Staub riechenden Räumen des Klosters. Sie richtete die Betten der zehn Nonnen, leerte ihre Nachttöpfe aus, putzte Rüben und weiße Karotten, rupfte Hühner, räumte das Geschirr von den Tischen und reinigte mit dem Besen den Boden. Die Benediktinerinnen trugen ihr alles auf, was sie nicht selbst verrichten wollten. Und als letzte verbliebene Leibeigene musste sie gehorchen und tun, was die Schwestern befahlen. So verlief ihr Leben, tagein, tagaus, seit sie sich erinnern konnte, mindestens schon fünfzehn ihrer ungefähr dreiundzwanzig Jahre. Dabei gab es immer weniger Leibeigene in der Stadt, weil freies Gesinde nach Passau strömte und die alten Abhängigkeiten sich auflösten.

Zumeist in den späteren Stunden des Tages, kurz vor der Vesper, begutachtete Schwester Hildegard mit Gisel den Kräutergarten, schnitt die Pflanzen zurück oder trug Gisel auf, was sie am Morgen des nächsten Tages zu tun hatte. Dabei vermittelte ihr die Nonne all ihr Wissen über Kräuter. Nicht umsonst hatte die Ordensschwester den Namen ihres Vorbildes, Hildegard von Bingen, gewählt, einer Benediktinerin, deren unvorstellbares Wissen über Pflanzen und Krankheiten die letzten eineinhalb Jahrhunderte überdauert hatte. Der energische Ausdruck einer klugen Frau lag auf Schwester Hildegards Gesicht.

Der Garten und die Gespräche über Kräuter waren die einzige angenehme Abwechslung im tristen Alltag. Jedes einzelne Wort der Schwester sog Gisel dabei in sich auf.

Liebevoll zupfte Gisel welke Blätter von den Schwertlilien. Im Herbst hatte sie die Blumen unter Schwester Hildegards Anweisung gepflanzt. Nun brauchten sie nicht mehr lange bis zur Blüte.

„Gertraude nützt dem Gärtner fein, wenn sie kommt mit Sonnenschein“, wiederholte Gisel die Weisheit, die sie Schwester Hildegard am Vortag gelehrt hatte. Eine rote Locke löste sich unter ihrer Haube und fiel nach vorne.

„Gisel! Gisel! Wo steckt nur dieses schreckliche Mädchen!“

Gisel erschrak, als sie die schrille Stimme von Schwester Elisabeth, der Dechantin, vernahm.

Eine alte, hagere Frau in Ordenstracht stand an eine Steinsäule des Kreuzgangs gestützt und starrte zu Gisel herüber.

Der Drache! Um Gottes Willen! Gisel hatte ganz vergessen, dass sie sich bei Tagesanbruch bei der Dechantin melden sollte! Der Bischof würde zu Besuch kommen, und das ganze Haus war in Aufruhr!

Gottfried von Weißeneck war im wahrsten Sinne des Wortes der Brotgeber der Nonnen, aber ein unzuverlässiger. Das Kloster schwelgte nicht mehr in dem Reichtum von einst: Das Gemäuer zerfiel, die Nonnen waren bis auf die Knochen abgemagert, und die Dechantin mit ihrer launischen Art schaffte es nicht, den Würdenträger um den Finger zu wickeln. Niemand konnte wissen, ob Gottfried den Nonnen nach seinem Besuch gewogener sein würde. Dabei hing so viel davon ab! Denn der Bischof sollte die Schulden begleichen, die sich für die Renovierung des Klosters angehäuft hatten, und zudem mehr Geld für den Lebensunterhalt der Nonnen zur Verfügung stellen.

Gisels Herz hämmerte bis zum Hals. Sie richtete sich auf, klopfte sich die Erde von den Händen, schob sich die Locke unter die Haube und strich die Schürze über ihrem braunen Wollkleid glatt. Einen Tadel wegen nachlässigen Aussehens wollte sie nicht zusätzlich provozieren. Sie eilte mit einem beklommenen Gefühl im Bauch zu der Alten, die immer noch an die Säule gelehnt dastand. Die Furchen auf ihrem Gesicht gruben sich vor Wut noch tiefer ein, ihre hinterhältigen Augen waren zusammengekniffen.

Gisel zog den Kopf ein. „Verzeiht, Schwester Elisabeth, ich habe ganz vergessen ..."

Eine Ohrfeige klatschte auf ihre Wange und schnitt ihr das Wort ab. „Verzeihen kann dir Gott alleine, du rabenschwarzes Luder! Viel zu gütig sind wir hier mit dir! Du brauchst wohl längst wieder eine Tracht Prügel, die dir die Flausen austreibt!"

Gisel hielt sich die pochende Wange und senkte den Kopf. „Ja, Schwester Dechantin!" Ihre Unterlippe zitterte. Ihr Inneres krampfte. Wie sehr sie den Anblick dieses widerlichen alten Drachens hasste!

Schwester Elisabeth wandte sich ohne ein weiteres Wort um und trat zurück in das Zwielicht des Kreuzgangs.

Ehe Gisel der schmächtigen Gestalt folgte, warf sie einen Blick zurück in den Kräutergarten. Sog ein, wie er dalag, im Schutz der Eiche, im hellen Schein der Morgensonne. Nachher, beim Töpfe schrubben, Wäsche waschen oder Boden wienern, würde sie sich eben dieses Bild in Erinnerung rufen. Wenn sie wieder übermäßig streng gescholten wurde, würde sie der Gedanke an dieses kleine Stückchen Freiheit inmitten ihres deprimierenden Gefängnisses beruhigen.

Eine Wolke schob sich vor die Sonne und raubte dem Garten seine leuchtenden Farben. Milder Regen setzte ein. In der Ferne donnerte es. Gisels Herz schnürte sich zusammen.

Schwester Elisabeth packte sie am Arm und zerrte sie über den Kreuzgang zum Kapitelsaal.

„Da! Staub und Dreck! Pfui!“ Schwester Elisabeth fuhr mit dem Finger über das Pult aus Walnussholz, das an einer Schmalseite des Kapitelsaals platziert war.

Der Wind trug Vogelgezwitscher von der Eiche im Innenhof durch die großen Fenster herein. Drei Pfeiler stützten das Gewölbe, das mit bunten Bildern aus dem Leben Jesu und mit Blumenranken bemalt war. Holzbänke standen an der Außenmauer, in die nur ein kleines Rundbogenfenster eingelassen war. Auf einer der Schmalseiten schmückten ein paar Äste mit Weidenkätzchen in einer vergoldeten Vase den steinernen Altar, aber die Blüten verdorrten schon. Auf einem Metallständer brannten Kerzen. In einer Ecke tropfte Wasser von der Decke über den Stein, dort war die Wand moosig grün verfärbt. Trotz der Renovierungsarbeiten und der guten Durchlüftung roch es nach Moder.

Schwester Elisabeth packte Gisel an den Schultern und schüttelte sie. „Für den Bischof muss alles glänzen! Hast du verstanden? Und dass du ja den Kreuzgang putzt, und die Latrinen natürlich! Bis zur Mittagsstunde musst du fertig sein!“

Gisel ließ sich beuteln wie ein nasser Sack. Schweigend nickte sie. Schwester Elisabeth ging und Gisel schickte ihr einen bitterbösen Blick hinterher.

„Alter Drache!“, fauchte sie. Dann holte sie einen Eimer mit Wasser und stellte ihn in der Mitte des Kapitelsaals ab. Sie sah sich um.

Es würde einige Zeit dauern, den Staub und Schmutz von den Möbeln, aus den Nischen und von den Steinplatten auf dem Boden zu entfernen. Zudem musste sie die Kerzenständer, Kelche und Metallbeschläge polieren. Sie musste gründlich sein, damit die Dechantin sie nicht wegen Schlamperei angiftete. Beim letzten Mal hatte Schwester Elisabeth Fingerabdrücke auf dem Messingkelch entdeckt, der auf dem Altar stand. Sie hatte Gisel daraufhin gezwungen, den Kapitelsaal ein zweites Mal zu reinigen und bis tief in die Nacht hinein in der Kirche kniend Rosenkränze zu beten. Schließlich war Schwester Hildegard gekommen und hatte sie befreit.

„Sieh es ihr nach", hatte Hildegard gesagt, „Elisabeth kann es nicht verwinden, dass sie nach dem Tod ihres Gatten ins Kloster abgeschoben worden ist."

Benommen und übernächtigt wie Gisel nach der Beterei gewesen war, hatte sie ihre steifen Glieder kaum durchstrecken können. Der tote Gatte der Dechantin war ihr herzlich egal. Wahrscheinlich hatte sie ihn sogar selbst ins Grab gebracht. Geschah dem Drachen nur recht, dass er jetzt sein Dasein im Kloster fristen musste.

Gisel fing damit an, die Holzbänke zu polieren. Wie aufregend! Der Bischof kam ins Kloster! Sie hatte schon viele Geschichten über ihn gehört. Er gebot über die Diözese Passau und ihre Besitztümer – ein Mann von Welt, der im Ausland studiert hatte und das ganze Reich zu seinen Ritterturnieren einlud.

Was würde die Dechantin wohl mit dem Bischof besprechen? Es musste eine wichtige Angelegenheit sein, sonst würde er sich nicht die Mühe machen, herzukommen. Die Nonnen behandelte er ohnehin stiefmütterlich, obwohl er für sie verantwortlich war. Und jetzt hatte Gisel endlich einmal die Gelegenheit, ihn zu sehen! Das konnte sie sich nicht entgehen lassen! Sie musste nur einen Weg finden.

Gisel schob die Unterlippe vor und sah sich im Saal um. Ihr Blick fiel auf die Truhe in der Ecke, auf die eine Muttergottes mit ihrem Jesuskind gemalt war. Lorenz hatte sie angefertigt und sie stand erst seit einigen Tagen an ihrem Platz. Gisel ging hinüber und besah sie sich genauer. Das Schloss ließ sich öffnen, sodass sie den Deckel mühelos aufklappen und hineinspähen konnte. Na, wenn sie da nicht …

„Schon fertig mit der Arbeit?"

„Aua!" Gisel schrak hoch und stieß sich den Kopf am Deckel. Sie raffte sich auf und blickte direkt in das Gesicht von Lorenz.

Lorenz war der Zimmermann, der öfter ins Kloster kam, um Aufträge zu erledigen. Grinsend sah er Gisel an. Seine grünen Augen stachen dabei aus dem schmalen, kantigen Gesicht. Die etwas abstehenden Ohren ließen ihn spitzbübisch erscheinen. Jetzt schien er um seine Worte verlegen und kratzte sich den kurzen Bart.

„Was tust du denn hier?", fragte Gisel ärgerlich und rieb sich den Hinterkopf.

Lorenz grinste weiterhin verschmitzt. „Ich bringe neue Stühle für den Kapitelsaal. Auftrag der Dechantin. Und was tust du hier?" Er deutete auf die Truhe.

„Nichts, was dich zu interessieren hätte!" Gisel richtete sich die Haube.

„Wenn es mit dir zu tun hat, dann interessiert es mich immer!", erwiderte Lorenz. „Gott hat dir nicht umsonst diese wilden roten Locken und die blauen Augen gegeben – deine Bestimmung ist es, die Männerwelt zu bezaubern."

„Ach, red keinen Unsinn! Meine Bestimmung ist es, bis zu meinem Lebensende Böden zu wienern, Wäsche zu waschen und mich von den Nonnen herumkommandieren zu lassen." Gisel wandte sich wieder dem Kasten zu und kratzte sich am Kinn.

„Wenn es nach mir ginge, würde ich dich von der Stelle weg heiraten! Ich wäre stolz auf so eine bildhübsche Frau!"

„Es geht aber nicht nach dir, es geht nach dem Drachen Schwester Elisabeth!", sagte sie und untersuchte weiter die Holztruhe, ohne Lorenz allzu viel Aufmerksamkeit zu widmen. Zum Glück war sie leer.

„Aber wir könnten uns doch heimlich treffen? Ich kann am Abend ins Kloster schleichen und wir küssen uns unter der Treppe."

Gisel wirbelte zu Lorenz herum. „Bist du von Sinnen? Dafür schmoren wir auf ewig im Höllenfeuer!"

Sein Lächeln verschwand, doch er gab nicht auf. „Ich könnte bei der Dechantin um dich freien!"

Gisel schüttelte den Kopf, sodass sich wieder eine Haarsträhne löste. „Du hast doch gar nicht das Geld für eine Ehefrau und sie wird mich nicht gehen lassen – da hätte sie ja niemanden mehr, an dem sie ihren Ärger auslassen kann!"

Lorenz tat einen Schritt auf Gisel zu und berührte sanft die Haarsträhne. „Aber ich weiß nicht, was ich machen soll! Jedes Mal wenn ich dich sehe, bekomme ich sündige Gedanken!"

Gisel stieß ihn weg. „Lorenz! Wenn das jemand hört, bete ich Rosenkränze bis zum Umfallen!"

Just in dem Moment erschien Schwester Elisabeth im Torbogen. „Was wird das hier?" Voller Misstrauen blickte sie von Lorenz zu Gisel. Die spürte die Röte in ihr Gesicht steigen.

Die Dechantin wandte sich im Befehlston an Lorenz. „Du kannst die Stühle draußen abstellen, wir tragen sie später herein und stellen sie da auf, wo wir sie brauchen."

Sie bugsierte Lorenz nach draußen. Unter dem Torbogen drehte sie sich noch einmal um. „Und du, du unnütze Ziege, mach dich wieder an die Arbeit!"

Gisel zog den Kopf ein und beugte sich hinunter zum Eimer, um den Lappen herauszufischen.

„Ach, Schwester Dechantin", hörte Gisel Lorenz draußen klagen.

„Wir haben dich nicht geholt, damit du unser Gesinde belästigst! Erledige deinen Auftrag und misch dich nicht in die Angelegenheiten des Klosters!" Die Worte der Dechantin hallten im Kreuzgang wider.

Gisel blieb zurück und strich über die bemalte Oberfläche der Truhe. Verdammt noch mal, die bot sich doch geradezu an für den Besuch des Bischofs...

Am späten Nachmittag war Gisel endlich mit der Aufgabe fertig, die ihr Schwester Elisabeth zusätzlich aufgetragen hatte – das Unkraut zwischen den Fugen der Steinplatten im Kreuzgang zu entfernen. Sie rappelte sich auf und stemmte die Fäuste in den Rücken, der vom Knien schmerzte. Sie sah Schwester Hildegard im Garten die Petersilienpflänzchen prüfen. Gisel trat hinzu.

Ohne hochzusehen, begann die Nonne: „Die Triebe der Petersilie sind kräftig genug. Gut, dass wir sie in Töpfchen vorgezogen haben. Ich kann sie schon ernten." Sie schnitt mit einer Schere ein paar Stängel ab. Dann richtete sie sich auf. „In den Eingeweiden von Schwester Elisabeth sammeln sich wieder zu viele böse Säfte. Jetzt hat sie Herzleiden, und ich will ihr Abhilfe schaffen, bevor der Bischof kommt. Ich bereite ihr einen Petersilien-Honigwein, dann kommt sie über Nacht wieder zu Kräften."

Gisel nickte. Sie kannte das Rezept. Sie hatte Schwester Hildegard schon oft über die Schulter geschaut, als sie den Sud zubereitet hatte. Die Petersilie wurde in Wein gekocht. Dann wurde der Sud mit Honig und Essig angereichert und die klare Flüssigkeit abgesiebt.

Eine Taube schreckte hoch und flatterte in den Himmel. Gisel blickte auf und seufzte. Sie sah dem Vogel nach. „So frei würde ich gerne sein."

Schwester Hildegard schnitt einen Trieb ab und legte ihn an die Seite des Korbes. „Aber Kind, du brauchst doch keine Flügel, um frei zu sein!"

„Dann könnte ich aber aus dem Kloster fortfliegen. Sonst bin ich hier eine Gefangene bis an mein Lebensende."

Schwester Hildegard erstarrte in ihrer Bewegung und blickte Gisel verwundert an. „Durch die Liebe Gottes bist du doch frei! Ob Bischof, Dechantin, Nonne oder Magd. Gott kennt keinen Unterschied. Du hast alle Freiheit, die Gemeinschaft in gegenseitiger Liebe und Achtung zu gestalten!"

Gisel schüttelte energisch den Kopf. „Für mich bedeutet Freiheit ein Garten ohne Mauern. Eine weite, grüne Wiese. Die gibt es nicht im Kloster. Alles ist eng und begrenzt. Aus den Klostermauern komme ich gerade mal zu Ostern und zu Weihnachten heraus!"

Die Nonne ging auf Gisel zu und nahm sie in den Arm. „Die Freiheit beginnt im Kopf, mein Kind. Nicht in irgendeinem Garten. Folge nicht den irdischen Bedürfnissen, sondern Gott. Ich schwöre dir, dann bist du frei!"

Gisel ließ sich in die weiche Umarmung der Schwester sinken. Sie biss sich auf die Unterlippe, um nicht zu weinen.

Nach Sonnenuntergang lag Gisel lang ausgestreckt unter der Treppe auf ihrem Strohsack. Sie war müde und ausgelaugt vom Tagwerk und schon schläfrig. Der Schein der Kerzen, die in Wandnischen im Treppenhaus aufgestellt waren, reichte für eine schwache Beleuchtung ihrer Schlafstätte. Auf einem Vorsprung unter den Stufen reihten sich ihre wenigen Habseligkeiten. Besonders wertvoll waren das kleine, schwarze Döschen und das bestickte Taschentuch. Beides hatte sie von ihrer Mutter geschenkt bekommen. Die Bohlenbretter der Treppe knarrten leise, als eine Schwester nach oben huschte. Dem Trippeln nach zu urteilen war es Schwester Agathe. Feiner Staub rieselte auf Gisels raue Wolldecke.

Freiheit. Wie verlockend das Wort doch klang. Wie eine unendlich weite Blumenwiese. Wie der Gang zur Messe im Dom an Ostern und an Weihnachten. Ein solches Gefühl hatte sie verspürt, wenn die Mutter sie als kleines Kind im Kreise gedreht hatte und sie sich vor Kichern nicht mehr hatte halten können.

Oben bimmelte eine Handglocke. Gisel rappelte sich hoch. War der Nachttopf von Schwester Theresa voll? Hatte Schwester Gertraud noch Hunger? Gisel gähnte und streckte sich. Dann schlug sie die Wolldecke zur Seite und machte sich auf den Weg über die Treppe zum Schlafsaal der Gemeinschaft.

Bei Anbruch des nächsten Tages, gleich nach dem Morgengebet, sollte der Bischof kommen. Natürlich ließ er auf sich warten. Das machte Schwester Elisabeth, die ohnehin mit dem falschen Fuß aufgestanden zu sein schien, nur giftiger und sie kommandierte Gisel gnadenlos herum. So auch jetzt, als die beiden durch den Kreuzgang zum Kapitelsaal eilten,

Gisel einen Schritt hinter der Dechantin. Am Himmel hingen schwarze Wolken und es schüttete wie aus Kübeln. Eine Böe heulte auf und peitschte dicke Regentropfen durch einen Fensterbogen in den Kreuzgang. Der Guss durchnässte das Kleid der Ordensfrau. Gisel, die neben ihr ging, beobachtete die Dechantin. Die sprang erst vor Schreck einen Schritt zur Seite, fasste sich dann aber. Schwester Elisabeth setzte wieder ihre steinerne Miene auf, den Mund säuerlich verzogen.

Sie sog die Luft durch die Nase ein und hielt sie einen Moment an, bevor sie sie laut ausstieß. Dann deutete sie nach vorne. „Sieh nach, ob Wein und Wasser im Kapitelsaal bereitstehen, und räum den toten Vogel da aus dem Kreuzgang! Worauf wartest du denn?" Genervt stöhnte sie auf, machte kehrt und stampfte in die andere Richtung davon.

Gisel frohlockte innerlich. Jetzt konnte sie in die Truhe kriechen, um das Gespräch mit dem Bischof anzuhören, und keiner würde etwas merken! Sie nahm den toten Vogel und warf ihn durch den offenen Bogen in den Kräutergarten, wo sie ihn später begraben konnte.

Im Kapitelsaal standen Trinkgefäße und bis zum Rand gefüllte Karaffen bereit. Gisel horchte kurz, eilte zur Truhe hinüber und öffnete den Deckel. Ein in Leder gebundenes Buch lag da auf dem Holzboden. Das hatte sie vorher noch nicht gesehen! Sie schob es ganz nach hinten in die Ecke und kroch in die Truhe. Es roch intensiv nach frischem Holz. Durch eine Ritze konnte sie genau zu dem Tisch blicken, an dem die Dechantin und der Bischof Platz nehmen würden. Durch das Fenster fiel nur das schwache, graue Licht des Regentages herein, aber eine Pendelleuchte erhellte den Raum ausreichend.

Schon hörte Gisel entfernte Stimmen. Sie hielt den Atem an.

„Wie aufmerksam, Euer Gnaden, dass Ihr Euch Zeit für uns und unsere Anliegen genommen habt." Das war der säuselnde Tonfall der Dechantin. „Bitte, hier herein. Ihr wart ja schon so lange nicht mehr da und kennt Euch sicherlich nicht mehr so gut aus!", fügte sie mit einem spitzen Unterton hinzu.

„Es ist in der Tat eine Weile her, seit ich zuletzt dieses Gemäuer betreten habe." Gottfrieds Stimme klang tief und melodisch.

Die Dechantin betrat mit dem Bischof den Kapitelsaal. Gisel erschauderte beim Anblick des Geistlichen. Er sah prächtig aus, so als ob Gott selbst auf Erden wandelte. Der Bischof funkelte vor Gold und vor Edelsteinen! Er trug eine hohe, spitz zulaufende und mit Goldborten verzierte Mütze. In der Hand hielt er einen Stab, in den Ornamente geschnitzt waren. Gottfried trug drei Schichten von Kleidern, die bei jedem Schritt raschelten: ein weißes Untergewand, das bis zu den Knöcheln reichte, ein blaues, kürzeres, das von einer goldenen Borte umsäumt war, und darüber einen ärmellosen roten Überwurf aus schwerem Wollstoff, der viele Falten warf. Um seine Schultern lag ein goldenes Band, auf das drei Rosetten aufgestickt waren. In welche Ehrfurcht der Bischof allein durch seine Erscheinung seine Untertanen versetzen musste!

Als der Bischof näher trat, konnte Gisel sein Gesicht sehen. Es war rundlich und gut genährt, die Augen scharf, der Mund schmal.

„Hier herüber, Euer Gnaden!" Die Dechantin eilte rechts zum Kopfende des Tisches und schob den Armlehnenstuhl, den Lorenz angefertigt hatte, nach hinten, damit der Bischof sich setzen konnte. Das Holz der Stuhlbeine quietschte auf dem Steinboden. Die Dechantin selbst nahm zur Rechten Gottfrieds Platz, sodass sie in Gisels Richtung schaute. Es sah grotesk aus, wie die abgemagerte Gestalt von Schwester Elisabeth in ihrer schwarzen Ordenstracht neben dem schillernden Bischof fast unterging, dessen Körper breit war wie ein Schrank. Gisel schätzte, dass allein der Anblick des wohlgenährten Kirchenmannes der Dechantin mächtig aufstieß. Die goldenen Zeiten der Abtei waren längst vorbei und der Bischof sorgte gerade einmal dafür, dass die Nonnen das Lebensnotwendige bekamen.

„Dechantin Elisabeth!", begann Gottfried. „Ich muss schon sagen, die Renovierung des Klosters ist wirklich hervorragend gelungen! Endlich sind die Spuren von Bürgeraufstand und Zerfall beseitigt! Eure Nonnen können nun wieder ungestört den Dienst an Gott verrichten. Und dies ist alles geschehen unter Eurer Leitung. Welch eine organisatorische Leistung!"

Die Dechantin lächelte säuerlich. „Es freut michs sehr, dass Euch die neuen Räumlichkeiten gefallen. In der Tat ist jeder Pfennig wohl überlegt investiert."

Der Bischof sah die Dechantin abwartend an. Dieser war es sichtlich unangenehm, dass er nicht wieder das Wort ergriff. „Wir brauchen … es fehlt …“, stammelte sie. Dann aber gewann ihr Kampfgeist die Oberhand und sie platzte heraus: „Uns fehlt eine beträchtliche Summe! Die Böhmische Maut reicht nicht aus die Kosten vollständig zu decken. Etliche Rechnungen der Handwerker und Forderungen für Materialien sind noch offen.“

Der Bischof lehnte sich zurück, zupfte sich am Kinn und musterte die Dechantin.

„Ihr sagtet doch, dass Ihr uns unter die Arme greifen würdet?“, fragte sie vorsichtig.

Der Bischof beugte sich wieder vor. Er durchbohrte die Dechantin mit seinem Blick. „Soso, um Geld geht es. Aber ich habe selber keines! Ich habe doch gerade erst den Ausbau meiner Residenz abgeschlossen!“

„Herr! Unsere Nonnen leiden Hunger! Wir haben kaum Geld für Kleidung! Geschweige denn für ein Altarkreuz, eine angemessene Hostienschale oder die Armenspeisung! Wir waren uns doch einig, dass wir das Kloster nicht zerfallen lassen können!“

„Um welche Summe handelt es sich denn?“

Die Dechantin stand auf und schob dabei ihren Stuhl geräuschvoll nach hinten. Gisel beobachtete sie angespannt. Sie ging um den Bischof herum und kam in die Richtung der Truhe … Nein! Ging auf die Truhe zu!

Gisel hielt den Atem an. Mit jedem Schritt der Dechantin pochte ihr Herz lauter. Oh je! Jetzt dämmerte es ihr. Das Buch, das sie so achtlos zur Seite geschoben hatte, war ein Rechnungsbuch! Wie in Zeitlupe beugte sich Schwester Elisabeth nieder, öffnete den Deckel, und blickte direkt in Gisels emporgestrecktes Gesicht.

Die Dechantin erschrak genauso wie Gisel und riss die Augen auf, doch dann gewann die Wut die Oberhand. „Du rotzfreches Stück, was treibst du hier?“ Sie packte Gisel am Ohr, zog sie heraus und schüttelte sie an den Schultern. „Du hast die Frechheit, den Bischof und mich bei wichtigen Geschäften zu belauschen? Das wirst du noch bereuen!“

Mit diesen Worten zog sie Gisel zur Tür und stieß sie in den Kreuzgang. „Morgen in der Frühe wirst du zum Kloster Vornbach geschickt. Hier will ich dich nicht mehr sehen! Und jetzt geh mir aus den Augen!"

Gisel wurde schwindelig. Das Kloster Vornbach? Das berüchtigt war für seine Strenge? Wo der Abt das Gesinde grün und blau schlug und gemunkelt wurde, dass so mancher dabei umkam? Oh je! Das musste sie um jeden Preis verhindern!

„Schwester Hildegard! Hier seid Ihr! Ich habe Euch überall gesucht!" Gisel blieb außer Atem vor der Nonne stehen.

Schwester Hildegard stand in ihrer Apotheke, wie sie den kleinen Raum nannte, auf dessen Regalen sich bis fast unter die Decke die verschiedensten Tiegel und Töpfe aus Holz und Ton mit Salben, Pulvern und Säften auftürmten. Zwei Kerzen in den Wandnischen spendeten Licht und erhellten den Raum spärlich. In der Mitte befand sich ein Tischchen mit einer Waage, Mörsern und Reibschalen, daneben lagen Zimtrinde und getrocknete Hirschzungenblätter.

Die Nonne blickte hoch. In der Hand hielt sie einen Mörser, mit dem sie gerade ein paar Pflanzenteile zerstoßen hatte. „Ah, Gisel! Ich bereite ein Elexier vor, für Schwester Antonias Unterleibsleiden. Was ist denn los?"

„Die Dechantin … sie schickt mich nach Vornbach! Bitte helft mir, ich weiß nicht, was ich tun soll!" Gisel schlug die Hände vors Gesicht und fing an zu weinen.

„Nach Vornbach? Zum Abt Engelschalk? Um Gottes Willen! Was hast du denn gemacht?"

„Ich habe das Gespräch mit dem Bischof belauscht und die Dechantin hat mich dabei erwischt!", wimmerte Gisel in ihre Hände.

„Da hast du eine Strafe verdient. Aber dich wegzuschicken ist grausam."

Gisel ließ die Hände sinken und blickte Schwester Hildegard flehend an. „Ich will nicht nach Vornbach! Bitte, Schwester Hildegard, was soll ich nur tun?"

Hildegard tippte den Finger gegen die Lippen. „Dass du weggehst, dafür wird Schwester Elisabeth schon sorgen. Lass mich überlegen … mir kommt nur der Böhmerwald in den Sinn."

„Der Böhmerwald?" Gisel fröstelte. „Der ist doch voller Räuber und Geister!"

Schwester Hildegard schüttelte energisch den Kopf. „Unsinn! So schlimm ist es da nicht. Und für die Freiung werden Siedler gesucht."

Gisel horchte auf. „Freiung? Wie frei?"

„Genau. Den Siedlern werden dort einige Freiheiten gewährt. Sie müssen weder Zins noch Zehnt zahlen und vom Frondienst sind sie auch befreit."

Gisel brachte ein Lächeln hervor. Ihre Miene hellte sich auf.

Schwester Hildegard fuhr fort: „Ich kann dir ein Gespräch mit dem Lokator vermitteln. Du weißt ja, früher war die Besiedlung des Böhmerwaldes Aufgabe unseres Klosters. Jetzt kümmert sich der Bischof darum. Seine Ministerialen waren früher die unseren und deshalb haben wir noch immer gute Verbindungen zu ihnen."

Gisel suchte den Haken an der Geschichte. „Und ich kann dort einfach so hingehen?"

„Na, so einfach ist das nicht. Der Lokator prüft erst deine Eignung. Als alleinstehende Frau kommst du nicht infrage. Du brauchst einen Mann. Einen Ehemann. Kennst du jemanden, der mit dir gehen würde?"

Gisel schüttelte den Kopf.

Just in diesem Augenblick lugte Lorenz in die Apotheke. „Schwester Hildegard, wir wollten doch noch die neuen Regale für die Bibliothek vermessen."

„Lorenz!", rief Gisel aus.

Lorenz wurde rot. „Gisel, was ist denn?"

Schwester Hildegard legte ihren Mörser beiseite und wischte sich die Hände an der Schürze ab. „Das kann sie dir gleich erzählen. Ich versuche derweil die Dechantin zu überzeugen. Da tut sie jedenfalls dem Bischof einen Gefallen." Schnellen Schrittes verließ sie die Apotheke.

„Was ist denn los?" Lorenz kratzte sich am Kopf.

Gisel sah ihn einen Augenblick an und überlegte, wie sie anfangen sollte. „Lorenz, du hast doch gestern gesagt, du würdest mich von der Stelle weg heiraten. Hast du das ernst gemeint?"

PETSCHAU, BÖHMEN, WINTERENDE 1347

Eine schwere Wolkendecke hing über dem böhmischen Petschau und obwohl der Tag schon längst angebrochen war, behauptete sich die Sonne nicht. Der feine Nieselregen konnte Elias nichts anhaben, denn der Wolfspelz über seinen Schultern wärmte ihn und hielt die Nässe ab. Er machte einen Ausritt, fort von der Siedlung mit den Blockhäusern, durch Wiesen und brachliegende Felder. Der Wind spielte mit seinem schulterlangen Haar und blies ihm frisch ins Gesicht. Es roch nach Erde und Moos. Elias spornte Blitz zu einem schnelleren Galopp an. Mit einem sicheren Satz sprang der Schimmel über den Becov-Bach. Am Rande des Waldes, der die Siedlung umgab, sah Elias eine Gruppe Männer stehen. Dorthin lenkte er sein Pferd.

Josef setzte gerade mit der Axt an, um eine mächtige Tanne zu schlagen. Walter und Erich sägten die Äste der gefällten Baumstämme ab. Paul und Hubert standen daneben, die Daumen in ihre Gürtel gehakt, um bei Bedarf Hand anzulegen. Der Boden war zu lehmig und im letzten Jahr war die Weizenernte gering ausgefallen. Bevor sie neu aussäten, mussten sie dem Wald mehr Fläche abtrotzen.

Die Augen der Männer stachen aus ihren schmutzverschmierten Antlitzen, als sie Elias kommen sahen.

Elias zog an den Zügeln seines unruhig tänzelnden Schimmels und musterte die Männer. Die harte Arbeit stand ihnen in die Gesichter geschrieben. Die vergilbten Hemden waren vielfach geflickt, die Beinlinge an den Knien durchgescheuert, die Lederhandschuhe löchrig.

„Kommt ihr mit der Arbeit voran?“, fragte Elias.

Hubert lachte breit, während er einen Schritt näher trat. „So gut es geht, Herr.“

Das schätzte Elias an den Siedlern. Wenn die Umstände auch noch so schwer waren, der Lebensmut ging ihnen nicht aus. Immer hatte jemand einen Spaß parat, über den die anderen herzlich lachten.

„Braucht ihr noch etwas?“, wollte Elias wissen.

„Gottes Segen brauchen wir, dass wir dieses Jahr eine bessere Ernte einfahren!“, warf Josef ein, der nun auf die Axt gestützt neben der Tanne stand.

„Deshalb soll es an Werkzeug nicht mangeln. Äxte, Sägen – ihr habt alles?“

Hubert schob seine Mütze nach hinten. „Ja, Herr. Wir haben alles, was wir brauchen.“

Elias nickte. Die Siedler hielten ihr Schicksal nun selbst in der Hand. Er wurde nicht mehr gebraucht. Grußlos wendete er Blitz und gab ihm die Sporen.

Drei Jahre war es her, seit er den Kolonisten das Land zugeteilt und sie bei den Anfängen unterstützt hatte. Drei Jahre in der Fremde, in der er viel Neues gesehen und gelernt hatte, über sich und die Welt. Das war eine lange Zeit. Eine anstrengende Zeit. Er sehnte sich nach Heimat, nach Vertrautem, und diese Sehnsucht wuchs immer mehr. Sein Vater war Ministeriale des Fürstbischofs zu Passau und verwaltete im Böhmerwald einen Teil von dessen Besitz. Dorthin wollte Elias zurück. Als jüngerer Sohn war er allerdings darauf angewiesen, sich als Lokator zu verdingen. Heute war der Tag, an dem er gehen würde. Geahnt hatte er schon lange, dass dieser Zeitpunkt kommen und auch Petschau nicht seine letzte Station sein würde.

Schnell kam das Dorf wieder näher. Die Holzblockhütten bildeten ein Oval um den Anger mit dem Dorfteich. Zu seiner Rechten, im Norden, thronte majestätisch die Burg auf einer Granitkuppe. Der wuchtige Wohnturm stand hoch oben an der Nordseite der senkrecht zum Tepelfluss abfallenden Klippe. Die Vorburg mit der Zugbrücke befand sich am Fuße des Felsens. Ein Graben trennte das Burgareal von der Ebene mit der Siedlung Petschau, die sich im Süden ausbreitete. Direkt von der Zugbrücke führte ein Pfad zum Dorf.

Elias zögerte. Er blickte hinauf zur Burg. Er musste den Fürsten aufsuchen. Kurz entschlossen lenkte er sein Pferd von den Blockhäusern weg auf den Pfad zur Befestigung. Dort residierte sein Auftraggeber Boresch von Ossegg und Riesenburg.

Boresch saß an seinem wuchtigen, reich verzierten Schreibtisch und studierte ein vergilbtes Schriftstück. Eine steile Falte trat auf seine Stirn. Er fuhr sich durch das blonde Haar, an dessen Ansätzen sich das Grau schon zeigte, und seufzte dabei. Er trug einen weißen Rock mit roter Borte. Eine goldene Scheibe hing an einer Kette auf seiner Brust. Die Kerzen auf dem Leuchter, der von der Decke baumelte, beschienen sein Gesicht. Im Kamin aus sandfarbenen und ziegelroten Kacheln knisterte das Feuer und verbreitete eine wohlige Wärme. Darüber hing ein Wandteppich an einer Holzvertäfelung, auf dem der oberste Gott Svarog mit weißem Rauschebart abgebildet war, die Macht an seine drei Söhne Svarozic, Perun und Veles übergebend. Elias hatte viel über die slawischen Gottheiten von den böhmischen Händlern gelernt, mit denen er im Namen Petschaus Geschäfte machte.

Elias räusperte sich.

Erst da blickte Boresch hoch. „Die Zahlen sprechen eine eindeutige Sprache. Die Zukunft des Kaiserwaldes liegt im Bergbau!“ Der Fürst legte das Schriftstück beiseite. Dann lehnte er sich zurück in seinen mit weißem Brokat bezogenen Sessel und musterte Elias. „Sprecht, mein Freund! Warum seid Ihr hier?“

Elias verbeugte sich leicht. „Herr, ich bitte Euch um Erlaubnis, mein Gut zu verkaufen und abzureisen.“

„Soso, abreisen wollt Ihr.“ Boresch goss Wein aus der Karaffe nach. Schweigend bot er Elias ebenfalls davon an. Der lehnte mit einer Handbewegung ab.

„Ja, das will ich.“

Boresch nahm den Becher in die Hand, stand auf und ging ans Fenster, das in einem kunstvoll verzierten Steinrahmen eingefasst war. Gedankenverloren trank er einen Schluck Wein und blickte dann hinaus. Er deutete hinunter auf das Plateau, auf dem die Siedlung lag. „Eure Dienste waren sehr wertvoll. Petschau hat mit Eurer Hilfe die Stabilität erlangt, die es braucht, um prosperieren zu können. Ihr seid ein erfahrener Lokator und ich habe es nicht bereut, Euch angeheuert zu haben.“

Elias trat zu Boresch ans Fenster. Der Blick in die steil abfallende Tiefe war schwindelerregend. Trotz des Lobes blieb der Lokator ernst. „Ich habe nur meine Arbeit getan."

Boresch klopfte Elias auf die Schulter. „Eine Arbeit, die Generationen nach uns noch Bestand haben wird. Ihr habt den Vertrag mehr als erfüllt. Dafür habe ich Euch schon reich entlohnt. Aber warum wollt Ihr denn abreisen?"

„Es zieht mich zurück in die Heimat. Ich habe Euren Leuten alles beigebracht, was sie wissen sollten. Ich habe schon eine neue Unternehmung angenommen, welche wohl meine letzte sein wird. Ich werde nicht jünger. Ich sollte endlich sesshaft werden und eine Familie gründen."

„Aber das könnt Ihr doch auch in Petschau! Zwei freie Hufen habe ich Euch gegeben, das Richteramt, die Mühle und noch weitere gesicherte Einnahmen für Euch und Eure Erben! Alle erdenklichen Annehmlichkeiten habt Ihr hier!"

Elias winkte ab. „Besitz habe ich genug. Doch mit den fortschreitenden Jahren weiß man die Heimat zu schätzen. Die Lieder, die Bräuche, die Menschen. Der Geruch des Waldes nach dem Regen. Der rote Himmel, wenn die Sonne über dem Böhmerwald aufgeht. Ich sehne mich danach. Auch wenn mir Petschau ans Herz gewachsen ist, kann es mir die Heimat doch nie ersetzen."

Boresch seufzte. „Ich sehe, ich kann Euch nicht halten. Aber wenn Ihr es Euch anders überlegt, habe ich immer ein offenes Ohr für Euch. Derweilen kümmere ich mich um die Veräußerung Eures Besitzes und die Regelung Eurer Nachfolge."

„Danke, mein Graf. Das weiß ich sehr zu schätzen."

Boresch ließ Elias am Fenster stehen und ging zu einer Holztruhe, die neben dem Kamin platziert war. Er hob den Deckel hoch und beugte sich darüber. „Ich habe ein Geschenk für Euch." Er holte ein in blaues Tuch gewickeltes Päckchen hervor und übergab es Elias. Die Augen des Fürsten strahlen. „Damit Ihr das Slawische in Euch nicht vergesst!"

Elias nahm das Päckchen entgegen und wickelte das Geschenk aus. Es war eine Figur, so groß, dass sie in Elias Faust passte. Sie war bunt bemalt und zudem reichlich mit Blattgold verziert. Sie wog nicht schwer in Elias Hand, woraus er schloss, dass sie aus Holz gearbeitet sein musste. Die Statue stellte einen muskulösen Mann mit kurzem Haar und Vollbart dar, der eine Rüstung und einen spitzen Helm trug. Es war Perun, die oberste Gottheit der Slawen.

„Ein wirklich kunstvoll gearbeitetes Stück", sagte Elias anerkennend.

Boresch lächelte und zwinkerte ihm zu. „Ihr dürft den Namen nur im äußersten Notfall aussprechen. Aber dann dürft Ihr Euch seiner Hilfe sicher sein."

Auch Elias musste lachen. „Erzählt das bloß nicht Eurem Priester! Der rennt gleich zum Bischof und zeigt Euch als Ketzer an."

„Unsinn!", winkte Boresch ab. „Was will die Kirche mir schon erzählen? Hier bin immer noch ich der Herr!"

Elias widersprach dem Fürsten nicht. „Na dann ...", sagte er nur.

„Ja, dann ..." Boresch drückte Elias Hand. „Na shledanou."

Die beiden Männer umarmten sich. Schließlich verließ Elias den Saal.

Der Schotter knirschte unter seinen Stiefeln, als er den Burghof zwischen den wuchtigen Mauern überquerte. Elias stieg den kurzen, steilen Pfad hinab zur Vorburg, wo sich die Stallungen eng an den Berg drängten. Hier nahm er Blitz von einem Diener entgegen und saß auf. Er ritt durch das Burgtor, dessen Durchgang mindestens drei Klafter in der Länge maß, und in dem gelangweilt ein Wächter an der Mauer lehnte. Als Elias über die hölzerne Zugbrücke den Graben überquerte, polterten die Hufe seines Schimmels laut.

Die Straße führte direkt auf den Anger von Petschau mit seinem Dorfteich zu. Elias hatte die Anlage der Siedlung geplant. Jeder Winkel war ihm vertraut. Die Straße beschrieb einen Ring und führte an jedem einzelnen Haus vorbei.

„Heda, Elias!", grüßte ihn Walter, der auf einem Holzschemel vor seiner Hütte saß und einen Messergriff aus einem Knochen schnitzte. Vorige Woche hatte ihn einer der Siedler mit der Axt bei einem Unfall schwer verletzt. Jetzt war sein Bein einbandagiert und Walter musste es beim Sitzen steif abspreizen. Elias erwiderte Walters Gruß.

Auch die Frau, die zwei Häuser weiter Tongefäße auf einer Töpferscheibe formte, nickte Elias zu und lachte dabei. „Schon wieder zurück?"

Neben ihr vergrub ein Mädchen, das gerade erst sitzen konnte, seine Händchen in der Erde. Nur diejenigen, die zu schwach für die Feldarbeit waren, blieben heute im Dorf.

Vor der größten, mit Stroh gedeckten Blockhütte machte Elias halt, stieg ab und band Blitz an einem Pfosten fest. Dann öffnete er die Holztüre, zog den Kopf ein und trat in den Wohnraum. Es gab keine Fenster und so fiel das Licht nur durch die Lücke ein, die zwischen den letzten Balken der giebelseitigen Wände und dem Dach geblieben war. Dennoch war es wohlig hier. Im Ofen brannte ein Feuer, und auf dem Lehmfußboden lagen Strohmatten. Elias sog die Luft ein. Die Hütte verbreitete ihren eigenen Geruch aus Holz und Rauch, den er liebgewonnen hatte. Er seufzte, band das Wolfsfell ab und legte es auf seine Schlafstatt. Dann ging er zum Tisch, um seine wenigen Habseligkeiten in eine Tasche zu packen. Es waren vor allem Pergamentseiten mit Siedlungs- und Flurskizzen, Tinte und Feder sowie eine Schiefertafel mit Griffel. Aus der Truhe neben seiner Schlafstatt holte er ein Hemd und ein paar Beinlinge und stopfte sie ebenfalls in die Tasche. Mehr besaß er nicht.

Draußen hörte er jemanden singen. Eine Frau mit einer vollen Stimme. Jana. Sie sang eines der böhmischen Volkslieder, die so melancholisch klangen, dass man fast in Tränen ausbrechen wollte. Schritte kamen heran. Die Türe öffnete sich. Jana trat ein. Sie war groß gewachsen und hatte blondes Haar, das von einem Band zusammengehalten wurde, an dem Schläfenringe aus Silber befestigt waren. Ein grünes Kleid fiel über ihre Hüften herab. Darum war ein Ledergürtel geschlungen. Elias fand ihre hohen Wangenknochen und die blauen Augen reizvoll. Nur die Lippen waren etwas blass.

„Legst du mir die Rüstung an?" Elias schritt hinüber zum Ständer, wo das Kettenhemd hing und nahm es ab. Er streifte es über und setzte sich auf einen Schemel.

Jana ging schweigend zu ihm und zog das Hemd an Elias' Körper zurecht. Sie näherte sich seinem Gesicht, sodass ihr Atem an seinem Ohr kitzelte. Dann kniete sie sich vor ihm nieder und legte ihm die Arm- und Beinschienen an. Ihre Hände waren zart wie eine Feder auf seiner Haut. Die Schnallen zog sie dagegen mit einer Kraft fest, die Elias ihr zu Anfang gar nicht zugetraut hätte. Er verzichtete auf den Panzer, den die Ritter in seiner Heimat trugen. Er mochte es, wie leicht und wendig er sich in der slawischen Rüstung bewegen konnte.

„Ich werde gehen." Elias beobachtete Jana dabei, wie sie den letzten Riemen festzurrte.

Jana blickte nicht auf.

„Janka, ich gehe zurück in meine Heimat."

Sie verharrte in ihrer Bewegung und sah ihn mit großen Augen an. Ihre Wangen wurden rot. „Du verlässt mich?"

Elias hielt ihrem Blick stand. „Wir haben schon darüber gesprochen. Ich habe dir nie etwas vorgemacht."

Jana erhob sich und holte das Schwert vom Waffenständer. Elias konnte ihr Gesicht nicht sehen, meinte aber, sie schniefen zu hören. Als sie mit dem Schwert in der Hand zurückkam, ließ sie sich nichts anmerken.

„Steh auf!", sagte sie.

Elias breitete die Arme aus, sodass Jana ihm das Schwert umgürten konnte. Ihr Verhalten beunruhigte ihn. „Du hast etwas Besseres verdient. Jemanden, der bei dir bleibt und dich ehrt."

„Wen ich verdient habe, das entscheide ich", erwiderte Jana mit kalter Stimme und zog extra fest am Schwertgurt, so dass Elias kurz aufstöhnte.

Er schob sie sacht zur Seite und richtete das Schwert so, dass es saß. „Ein Vogel im Käfig verkümmert. Ich habe dich nicht eingesperrt und jetzt musst auch du mich gehen lassen."

Jana blickte ihn durchdringend an. „Ich werde deinen Geruch nach Wald und Erde vermissen", sagte sie leise. „Dein braunes Haar, wenn ich meine Finger darin vergrabe. Deinen festen Körper, wenn du bei mir liegst." Einen Augenblick zögerte sie. Dann ging sie erhobenen Hauptes zum Ausgang. Doch am Zittern ihrer Schultern, am kurzen Aufschluchzen merkte er, dass sie weinte. Sie drehte sich nicht mehr um, sondern schloss hinter sich leise die Türe.

Elias setzte sich auf den Schemel und starrte ins Leere. Er tat das Richtige, zweifellos. Er hatte hier nie für immer bleiben wollen. Das war von Anfang an klar gewesen. Und doch, er war schon so oft wieder aufgebrochen. Wie er schon so oft ein Mädchen zum Abschied geküsst hatte, das vor ihm in Tränen zusammengebrochen war. Auch wenn sie gebettelt hatten, dass er sie mitnehmen solle: In der Fremde wären sie nicht glücklich geworden. Sie gehörten in ihre Heimat, damit sie nicht entwurzelt waren wie er selbst. Elias schüttelte den Kopf. Das musste aufhören. Irgendwo sollte er auch einmal bleiben. Dieser Aufbruch musste der letzte sein! Genau deshalb wollte er dorthin zurück, wo er herkam: ins Land seiner Väter.

Elias gab sich einen Ruck. Es war ein weiter Weg. Die Sonne, die sich mittlerweile durch die Wolkenschicht gekämpft hatte, stand schon hoch am Himmel und strahlte durch die Öffnungen unter dem Dach herein. Er legte sich sein Wolfsfell um und setzte seinen Helm auf. Dann griff er nach dem Päckchen mit dem Talisman, schob es in die Tasche und hängte sie sich um. Er nahm seinen Schild und die Lederhandschuhe und ging nach draußen.

PASSAU, FRÜHLING 1347

„Ich habe die Dechantin davon überzeugen können, dass es für sie rentabler ist, dich an Lorenz zu verkaufen und nicht an das Kloster Vornbach.“ Schwester Hildegard stand in ihrer Apotheke, Gisel zugewandt. Trotz der guten Nachricht blieb die Nonne ernst. Die Kerzen in den Nischen flackerten und warfen Schatten an die Wand. Auf ihrem Tischchen hatte sie neben Waage und Mörsern große und kleine Tontöpfe aufgestellt. Sie hielt ein Schäufelchen aus Holz in der einen und ein Töpfchen in der anderen Hand.

Gisel zog die Augenbrauen hoch. „Wie habt Ihr denn das geschafft?“

„Lorenz hat ein Interesse daran, dich freizukaufen. Und die Dechantin sieht ein, dass der Böhmerwald keine minder passende Strafe für dich ist.“

„Trotzdem hat sie mich heute Morgen wieder schikaniert bis aufs Blut.“

Schwester Hildegard hob das Schäufelchen in ihrer Hand, als drohe sie Gisel. „Du darfst auch nur noch so lange im Kloster bleiben, wie das Gespräch mit dem Lokator dauert. Läufst du aber davon und gehst nicht in den Böhmerwald, dann lässt sie dich suchen und dann kann dich das den Kopf kosten. Du darfst nie mehr nach Passau zurückkommen, verstehst du?“

Gisel schluckte. Ihr ganzes Leben hatte sie in diesem Kloster verbracht und die Dechantin warf sie einfach so aus der Stadt. „Wann ist denn das Gespräch?“, fragte sie, um herauszufinden, wie viel Zeit ihr blieb.

Der sonst so energische Blick der Schwester wurde mitleidig. „Morgen bei Sonnenaufgang. Auch Lorenz soll sich hier einfinden.

Ergeben nickte Gisel. Sie fühlte sich schrecklich. Die Dechantin tat alles, damit sie sich vorkam wie ein elender Wurm.

„Kopf hoch, Gisel! Ich habe etwas für dich.“ Hildegard fuhr mit dem Schäufelchen in einen großen Tontopf und schüttete den Inhalt, ein braunes Pulver, in ein kleines Gefäß. Dann verschloss sie es mit einem Deckel aus Kork. Sie deutete auf ein Töpfchen nach dem anderen. „Galgant gegen Fieber und Schmerzen, Zimt gegen einen schweren, stumpfen Kopf und Süßholz zur Verdauung. Die meisten Kräuter findest du auf den Wiesen und in den Wäldern um Freiung. Mit diesen Mitteln hier aber sei vorsichtig, sie sind sehr wertvoll. Der Zimt stammt aus dem Orient und der Galgant aus Asien. Weißt du, wie weit das entfernt liegt?"

Gisel runzelte die Stirn und dachte nach. „Sehr weit?", fragte sie unsicher.

„Wochenlang müssen Kaufleute mit Schiffen über große Gewässer reisen, damit sie dorthin gelangen!"

Gisel versuchte sich diese Wassermenge vorzustellen, doch es überstieg ihre Fantasie.

Schwester Hildegard packte die Tontöpfchen in ein Säckchen. Dann schlug sie sich gegen die Stirn und lächelte. „Ich habe noch etwas vergessen!" Sie ging hinüber zum Regal und suchte zwischen den Tiegeln und Töpfchen. „Wo ist denn? ... ah da!" Sie nahm ein kleines Paket heraus und kam zurück zum Tisch. Aus dem Pergament wickelte sie einen Stein. Er war rot und mit Quarzfasern durchzogen.

Gisel kam neugierig näher.

„Das ist ein Jaspis. Der wird dir helfen, wenn du Kinder gebierst. Halte ihn während der Kindbetttage in deiner Hand und die bösen Luftgeister können dir und deinem Kleinen nichts anhaben!"

Sie wickelte den Stein wieder ein, steckte ihn in das Säckchen und überreichte es Gisel.

„Nutze die Heilkräuter klug!", mahnte sie.

Gisel nahm die Kostbarkeiten vorsichtig entgegen, damit sie nicht zu Bruch gingen. Sie würde sie abends, wenn sie ihre Habe zusammenpackte, vorsichtig ganz obenauf im Sack unterbringen.

„Und jetzt geh und verabschiede dich von den anderen Schwestern. Die haben auch noch das ein oder andere, was sie dir mit auf die Reise geben wollen!"

Gisel strahlte. Den Nonnen war ihr Abschied nicht gleichgültig! Das hatte sie nicht erwartet.

Am nächsten Tag saßen Lorenz und Gisel in dem Kellerloch dem Lokator und seinem Gehilfen gegenüber. Die Stühle knarrten bei jeder Bewegung und die Lehne drückte Gisel in den Rücken. Der Gehilfe war ein junger Mann mit aschblondem Haar und einem fahlen, kantigen Gesicht. Er fand kaum Platz, seine Unterlagen auf dem Tischchen vor ihm auszubreiten, und es wackelte, als würde es jeden Moment zusammenbrechen. Der Gehilfe hielt Papier und Feder in der Hand und hatte offensichtlich Mühe, im Zwielicht seine eigene Schrift zu lesen.

Einen Mann wie den Lokator hatte Gisel noch nie gesehen. Befremdlich sah er aus. Haar und Bart waren lang und wirr. Ein Wolfsfell lag um seine Schultern. Die gestreiften Beinlinge wirkten eigenartig, denn die hiesigen Männer trugen sie einfarbig. Allerdings hatte der Lokator gütige braune Augen, in denen Gisel sich fast verlor. Sie fuhr sich mit der Hand über das Gesicht, um ihre Gedanken zu sammeln. Was kümmerte sie das Aussehen des Lokators? Ihr weiteres Leben hing von den nächsten Minuten ab. War sie erfolgreich, würde sie nach Freiung aufbrechen. Wenn nicht, dann gnade ihr Gott!

„Ich bin Elias, und das ist mein Gehilfe Curt", stellte der Lokator sie beide vor. Er musterte Gisel und Lorenz. „Und ihr? Wie heißt ihr? Und wie alt seid ihr?"

Gisel holte Luft, um zu antworten. Doch Lorenz kam ihr zuvor. „Ich bin Lorenz und das ist Gisel. Ich bin dreiunddreißig, Gisel ist ..." Er warf einen unsicheren Blick zu Gisel hinüber. Es entstand eine Pause.

„... dreiundzwanzig", ergänzte Gisel hastig. „Ich glaube, ich bin dreiundzwanzig."

„Seid ihr verheiratet?", fragte der Lokator.

Lorenz schüttelte den Kopf. „Noch nicht."

Der Lokator zog eine Augenbraue hoch. „Ihr wisst, dass es Bedingung ist, dass ihr verheiratet seid? Unverheiratete oder Alleinstehende nehme ich nicht mit. Das gibt nur Ärger und Eifersüchteleien. Habe ich alles schon erlebt."

Gisels Lächeln fiel zusammen.

„Bis Ihr loszieht, werden wir heiraten!", hielt Lorenz entgegen.

Der Lokator runzelte die Stirn. „Wir brechen morgen auf. Wir können nicht auf euch warten. Die Unternehmung ist von langer Hand geplant, wir haben genügend Leute dafür. Morgen Abend treffen wir die anderen Siedler auf Burg Wolfstein."

Lorenz räusperte sich. „Wir … wir werden heute noch heiraten", stotterte er.

Gisel warf ihm mit einer Mischung aus Verwunderung und Unsicherheit einen Blick von der Seite zu. Sie traute sich aber nicht, ihre Bedenken zu äußern.

„Gut, gut." Der Lokator überflog Curts Notizen, dann fuhr er mit der Befragung fort. „Seid ihr jemals arrestiert worden?"

„Oh nein, Gott bewahre!", entfuhr es Gisel.

„Wovon ernährt ihr euch?" Die Frage richtete der Lokator an Lorenz.

„Ich bin Zimmermann."

„Und ich kenne mich mit dem Haushalt aus", warf Gisel ein, „und mit Kräutern."

Der Lokator nickte zustimmend. „Ein Zimmermann ist Gold wert. Habt ihr Besitz? Geld oder sonstiges Vermögen?"

Lorenz wurde rot. „Ich habe an Bargeld zweihundertfünfzig Pfennige. Wöchentlich bekomme ich vom Meister einen Lohn von dreißig Pfennigen. Ansonsten habe ich außer den Kleidern an meinem Leib fast nichts. Wenn wir in den Böhmerwald gehen, muss ich Gisel zu einem hohen Preis freikaufen. Da bleibt mir nicht mehr viel Geld übrig."

Gisel schnaubte, sodass sich ihre Nasenflügel aufblähten: „Anders hat sich die Dechantin nicht umstimmen lassen. Kloster Vornbach hätte ihr nur zweihundert Pfennige bezahlt, da musste Lorenz noch ordentlich was drauflegen! Die kann den Hals nie voll genug kriegen!"

„Dann nehme ich an, du hast keine Mitgift?“ Der Lokator wandte sich an Gisel.

„Ich habe nichts“, sagte Gisel leise. „Ich bin ja eine Leibeigene!“

Der Lokator lehnte sich zurück und strich sich über seinen Bart. Dann beugte er sich zu Curt hinüber und besprach sich flüsternd mit ihm.

„Einverstanden!“, sagte der Lokator schließlich wieder etwas lauter und nickte. Er richtete das Wort wieder an Gisel und Lorenz. „Eine Familie ist abgesprungen. Also könnten wir euch an deren Stelle mitnehmen. Aber ihr seid Städter, das raue Land seid ihr nicht gewöhnt, und ihr habt kein Geld. Natürlich könnt ihr euch etwas von mir leihen, aber das müsst ihr zurückzahlen. Es wird nicht einfach für euch werden.“ Elias sah die beiden eindringlich an. „Ihr wisst, worauf ihr euch einlasst?“

„Natürlich wissen wir das!“, rief Gisel aus. „Es wird harte Arbeit und wir werden viele Entbehrungen haben!“

„Ihr werdet in einer kargen Hütte hausen, jeden Tag aufs Neue dem Land euer Essen abtrotzen und jeden Abend mit Schwielen an euren Händen einschlafen.“

Die Hände von Lorenz begannen zu zittern. Er verschränkte seine Finger fest ineinander, sodass die Knöchel weiß wurden.

„Ihr werdet für mehrere Jahre um euer Überleben kämpfen. Gegen wilde Tiere, gegen den Winter, vielleicht sogar gegen Plünderer“, fuhr Elias fort. „Wollt ihr das?“

Gisel sprang auf. „Ja, das wollen wir!“

„Gisel!“ Lorenz zog sie am Arm wieder auf den Stuhl herunter. „Ich weiß nicht ... Passau ist doch meine Heimat, hier habe ich alles, was ich brauche. Meine Arbeit, ein Dach über dem Kopf … dich!“

Gisel runzelte die Stirn. „Wenn du dich gegen den Böhmerwald entscheidest, werde ich fortgeschickt! Dann siehst du mich nie wieder! Aber so können wir heiraten! Lorenz, stell dir das vor!“

Lorenz schluckte und schloss die Augen. In ihm schien es zu arbeiten, seine Mundwinkel zuckten. Schließlich sah er Gisel fest an. „Na gut!"

Der Lokator erhob sich. „Packt eure Sachen zusammen. Morgen früh nehmen wir die erste Fähre in die Ilzstadt und brechen von dort auf." Er wandte sich seinem Gehilfen zu, der die letzten Worte auf das Pergament notierte, dann kurz nickte und sein Schreibzeug zusammenpackte. Die beiden erhoben sich, dass die Stühle auf dem Steinboden quietschten, und verließen gemeinsam den Raum.

Gisel und Lorenz blieben zurück. Gisel öffnete den Mund und wollte etwas sagen, doch die Worte blieben ihr im Hals stecken. Mit so einem schnellen Aufbruch hatte sie nicht gerechnet. Da waren noch so viele Fragen und der Lokator hatte ihnen keine Zeit gelassen, sie zu stellen!

Schließlich fasste sich Gisel wieder. „Und wo finden wir jetzt einen Pfarrer, der uns traut?"

Die beiden beschlossen, erst zu Lorenz' Meister zu gehen, bei dem der Zimmermannsgeselle nun seine Arbeit aufgeben musste. Falls die Trauung nicht rechtzeitig klappte, hofften sie, den Lokator überzeugen zu können, sie trotzdem mitzunehmen und sich auf Burg Wolfstein von einem Priester trauen zu lassen. Zugute kam ihnen, dass beide besitzlos waren und sie deshalb keine Formalitäten wie Verlobung und Aufgebot regeln mussten. Dem Meister gefiel nicht, dass er Lorenz verlor, doch er erlaubte dem Gesellen schließlich doch, weiterzuziehen.

Gisel zupfte während des gesamten Gesprächs mit dem Meister an ihrer Haube. Auf der Straße hüpfte sie wie ein kleines Kind. Sie war so aufgeregt, dass alles wie im Traum an ihr vorbeizog. Es war nicht Ostern und nicht Weihnachten – und doch befand sie sich außerhalb der Klostermauern! Die Luft bestand aus so viel mehr Gerüchen, sie roch nach Brot und Pferdedung, nach Fisch und frisch gebrautem Bier. Der Wind von der Donau her spielte mit den Bändern ihrer Haube. Sie beobachtete die kunterbunten Menschenmassen und blieb staunend an den Ständen der Händler stehen, die Schmuck, Kleider und Körbe ausgestellt hatten. Ungeduldig zog Lorenz sie fort.

Es hatte zu regnen begonnen. Als die beiden an die Türe des Pfarrhauses klopften, durchdrang die Nässe schon Gisels Mantel und ihre

Lederschuhe. Der Regen perlte vom Saum der Kapuze, die sie sich über den Kopf gezogen hatte. Eine Haushälterin öffnete und hieß sie im Flur Mäntel und Schuhe ausziehen, damit sie diese zum Trocknen ans Feuer legen konnte. Sie geleitete Gisel und Lorenz in die Schreibstube. Eine kleine Kerzenflamme erhellte das Gesicht des Pfarrers, der über ein dickes Buch mit vergilbten Seiten gebeugt an seinem Schreibtisch saß und mit dem Zeigefinger über die Zeilen des Pergaments fuhr. In die Ecken fiel kein Licht und so verschluckte sie die Dunkelheit. Regen prasselte gegen die Tierhaut vor dem Fenster. Es war kalt in der Stube und Gisel rieb sich über ihre Arme, um sich ein wenig aufzuwärmen.

Der Pfarrer sah auf. Er trug ein schwarzes Gewand und hatte schütteres, graues Haar. Er musterte Gisel und Lorenz aufmerksam. „Wie kann ich euch helfen?“, fragte er und lächelte sie aufmunternd an.

Lorenz sog die Luft ein. „Wir müssen heiraten, heute noch!“, sagte er leise, aber mit Nachdruck.

Der Pfarrer runzelte die Stirn. „Da seid ihr spät dran. Ich habe noch viel zu tun. Ihr habt Glück, dass ihr mich überhaupt antrefft. Eigentlich müsste ich schon längst auf dem Weg zu einer letzten Ölung sein!“

Gisels Mund klappte auf. Bisher war sie guter Hoffnung gewesen. Doch wenn der Pfarrer sie heute nicht traute, dann würden sie sich vor dem Lokator morgen erklären müssen.

„Bitte, Herr! Wir können nicht warten! Sonst dürfen wir nicht mit in den Böhmerwald!“, platzte sie heraus.

Der Pfarrer sah sie an, während sie sprach. Dann wandte er sich an Lorenz. „Ich muss los. Wartet hier, wir klären das, wenn ich zurück bin. Dann können wir ausführlich darüber sprechen.“

„Aber wir haben keine …“, jammerte Gisel.

„Setzt euch derweilen!“, unterbrach der Pfarrer sie scharf, während er aufstand. Er deutete auf die zwei Stühle vor seinem Schreibtisch. Er verließ schnellen Schrittes den Raum. Die Tür schnappte ins Schloss.

Schweigend und mit schweißnassen Händen saß Gisel auf dem Holzstuhl, dessen Lehne unbequem in ihren Rücken drückte. Sie betrachtete das große Kreuz an der Wand. Daneben war ein Regalbrett mit einigen großen dicken Büchern angebracht. Sie hatten braune Ledereinbände, wie das auf dem Schreibtisch. Hier und dort waren seltsame Zeichen auf die Buchrücken geprägt, die sie im Kerzenschein nur schemenhaft erkannte. Worüber die Menschen nur schreiben konnten, dass sie so viel Pergament brauchten, wunderte Gisel sich. Sie warf einen verstohlenen Blick zu Lorenz hinüber. Der saß stocksteif da und lächelte scheu zurück. Ihr wurde warm ums Herz. Er hatte die Hände zu Fäusten geballt und die Knöchel traten weiß hervor. Ansonsten ließ er sich seine Anspannung nicht anmerken.

Irgendwann hörte es auf zu regnen und die Sonne schien hell durch die Spalten zwischen Tierhaut und Holzrahmen.

„Wie lange das wohl noch dauert?" Gisel rutschte ungeduldig auf dem Stuhl hin und her. Sie hielt es kaum aus, ruhig dazusitzen.

Da knarrte die Türe und der Pfarrer kam wieder herein. Er ging geradewegs zum Fenster und schlug die Tierhaut zur Seite. Ein paar dicke Tropfen fielen auf die Holzbohlen. Sogleich erfüllte die Sonne gleißend den Raum. Gisel atmete auf.

Während er den Mantel an einen Haken hängte und die Mütze vom Kopf zog, seufzte der Kirchenmann. „Wieder eine arme Seele, die zum Herrn gegangen ist." Er setzte sich hinter seinen Schreibtisch. „Nun zu euch", sagte er und richtete dabei das Wort eigentlich nur an Lorenz. „Warum wollt ihr so schnell heiraten?" Er stützte die Ellenbogen auf den Tisch, verschränkte die Finger ineinander und beugte sich nach vorne.

Lorenz schilderte mit knappen Worten ihre Situation.

Als er geendet hatte, fuhr sich der Pfarrer übers Kinn. Er räusperte sich. „In eurem Ansinnen ist nichts Verwerfliches. Ganz im Gegenteil. Ihr erfüllt Gottes Willen: ‚Seid fruchtbar und mehret euch und füllet die Erde und macht sie euch untertan.' Das sprach Gott schon zu Adam und Eva." Er stand auf und bedeutete Lorenz und Gisel, es ihm gleichzutun.

Gisels Wangen wurden heiß. Unsicher blickte sie vom Pfarrer zu Lorenz und wieder zurück. Würde der Gottesmann sie tatsächlich trauen? Sie beobachtete, wie der Pfarrer zu einer Truhe ging und sie öffnete. Er holte einen Gegenstand heraus und legte ihn auf den Tisch. Es war ein lilafarbenes, zusammengerolltes Stoffband.

Der Priester stellte sich vor die beiden und erhob feierlich seine Stimme. „Lorenz und Gisel, ihr seid heute hierhergekommen, um nach reiflicher Überlegung den Bund der Ehe zu schließen. Ist dies euer freier Entschluss?"

„Ja!", antwortete Gisel und hörte Lorenz neben sich dasselbe sagen. Erleichtert lächelnd blickte sie Lorenz von der Seite an. Es geschah tatsächlich!

„Willst du, Lorenz, vor Gottes Angesicht Gisel als deine Frau nehmen, ihr Treue versprechen in guten und in bösen Tagen, in Gesundheit und in Krankheit, bis dass der Tod euch scheidet? Willst du sie lieben, achten und ehren alle Tage ihres Lebens?"

Lorenz strahlte Gisel an. „Ja, ich will!"

„Und du, Gisel? Willst du vor Gottes Angesicht Lorenz als deinen Ehemann nehmen?"

„Ja, ich will!", rief sie überschwänglich.

Der Priester nahm eine silberne Münze aus einer Schatulle auf dem Schreibtisch und brach sie mit etwas Mühe auseinander. Er reichte die eine Hälfte Lorenz, die andere Gisel. „Nehmt dies als Zeichen eurer Liebe und Treue. Im Namen des Vaters, des Sohnes und des Heiligen Geistes." Mit der rechten Hand machte er ein Kreuzzeichen.

Gisel blickte auf die Ziermünze. Sie war leicht oval und an den Rändern stärker abgeplattet. Auf ihrer Hälfte waren Kopf und Pfoten des Passauer Wolfes, des bischöflichen Wappentiers erkennbar. Später würde sie die Münze an einer Schnur befestigen und um den Hals hängen. So würde sie sich immer an diesen besonderen Tag erinnern.

„Reicht einander nun die rechte Hand. Gott, der Herr, hat euch als Mann und Frau verbunden. Er ist treu. Er wird zu euch stehen und das Gute, das er begonnen hat, vollenden."

Gisel legte ihre Hand in die von Lorenz. Dabei sah sie ihn glücklich an. Ihr Herz wollte ihr fast aus der Brust springen.

Der Pfarrer faltete das lilafarbene Band auseinander. Dann umwand er damit die Hände der beiden und legte seine eigene rechte Hand darüber. „Im Namen Gottes und der Kirche bestätige ich den Ehebund, den ihr geschlossen habt. Was Gott verbunden hat, das darf der Mensch nicht trennen." Er lachte herzlich und nickte aufmunternd. „Ihr seid nun Mann und Frau. Ihr dürft euch küssen."

Ein Strahl der tiefstehenden Sonne brach durchs Fenster und blendete Gisel, sodass sie blinzeln musste. Sie war unendlich erleichtert, als wäre ein hundert Pfund schweres Gewicht von ihren Schultern genommen worden. Eine Träne rollte über ihre Wange. Sie spürte Lorenz' Lippen trocken auf den ihren. Sein Atem kitzelte ihre Wange. Gisel konnte es nicht fassen. Endlich konnte ihr Leben beginnen, endlich erwachte sie aus diesem langen Albtraum! Sie schluchzte auf und warf sich weinend in seine Arme.

Lorenz' Meister erlaubte nicht, dass das verheiratete Paar bei ihm nächtigte. Also suchten sie sich eine erschwingliche Unterkunft, wo sie im Stall bei den Pferden schlafen konnten. Als in der Dunkelheit das Stroh raschelte und Gisel Lorenz' Hand an ihrem Schenkel spürte, war sie ängstlich, aber auch freudig erregt. Natürlich hatte sie sich über „die Sache" mit anderen Mägden unterhalten. Und nun war es so weit und sie würde selber erfahren, wie es war, bei einem Mann zu liegen. Ihr Herz schlug bis zum Hals, ihr Mund wurde trocken. Zuerst erstarrte sie wie ein Brett unter Lorenz' erkundenden Händen. Doch seine Berührungen kitzelten und sie musste lachen. Da wurde sie selbst wagemutiger, fuhr mit ihren Fingern über Lorenz' Körper, spürte die festen Muskeln seiner Arme, die weiche Haut an seinem Nacken, das Haar auf seiner Brust.

Er schob ihr den Rock hoch und spreizte ihre Beine. Dann wälzte er sich auf sie. Gisels Herz pochte bis zum Hals. Würde es wehtun? Lorenz rieb seinen Körper an ihrem. Es fühlte sich unangenehm an. Als er in sie eindrang, stieß sie einen Schrei aus. Ein stechender Schmerz durchfuhr Gisel und wandelte sich zu einem heftigen Pochen. Ein Stoß, zwei, drei. Der Schmerz ließ nach und wich einem anderen Gefühl. Unerwartet durchzuckte Gisel eine Woge der Lust. Ihr Körper bäumte sich auf. Sie begann zu zittern. Plötzlich war sie begierig darauf, mehr von

Lorenz in sich zu spüren. Instinktiv ließ sie ihr Becken in seinem Takt kreisen. Doch da keuchte er laut auf und fiel auf sie. Sein Brustkorb hob und senkte sich. Sein Atem wurde tiefer, ruhiger. War er auf ihr eingeschlafen? Das Kribbeln in ihr ließ nicht nach. Sie wollte sich weiter im Rhythmus bewegen, in den sie verfallen waren. Enttäuschung machte sich in Gisel breit. Sie lag einen Augenblick da, um sich zu beruhigen. War es das gewesen? Sie schob Lorenz von sich. Er rollte sich zur Seite und schlief sofort weiter.

Gisel lag mit offenen Augen da und starrte an die Decke, die im Mondschein, der durch das Fenster einfiel, schemenhaft zu erkennen war. Die Pferde scharrten mit den Hufen. Irgendwo piepste eine Maus. Der Betrunkene in der anderen Ecke schnarchte auf. Gisel sog den Geruch des Heus durch die Nase ein. Es duftete wunderbar. Sie tastete nach Lorenz, berührte mit den Fingern den groben Leinstoff seines Hemdes. Die Vermählung war vollzogen. Lorenz war jetzt ihr Ehemann vor Gott und dem Gesetz. Das war das Wichtigste. Sie würde schon lernen, Spaß an „der Sache“ zu haben.

Bei Sonnenaufgang kamen Gisel und Lorenz am Fährsteg an. Schon von Weitem konnten sie den Lokator ausmachen, der einsam an der Anlegestelle stand. Seine Silhouette hob sich schwarz gegen die im Osten aufsteigende Sonne ab. Die Donau funkelte in Rottönen. Kalt und klar flirrte die Luft.

Gisel war aufgeregt. Die Enttäuschung der Nacht war schon wieder völlig vergessen. Es gab so viel zu entdecken, die Häuser, die Straßen … Selbst am Ufer der Donau, die außerhalb der Stadtmauer floss, hatte sie noch nie zuvor gestanden! Lorenz musste sie immer wieder am Ärmel weiterziehen, damit sie nicht zu spät kamen. Die beiden hatten ihre Habseligkeiten in zwei Säcke gepackt und geschultert – Lorenz natürlich sein Zimmermannswerkzeug, Gisel ihr zweites Unterkleid, das Schultertuch für den Winter und Nähgarn. Dazu packte sie das Döschen und Taschentuch ihrer Mutter und die Aussteuer der Schwestern: Löffel, Kerzenständer und einen hübschen Kamm. Die Behälter, die ihr Hildegard mitgegeben hat, kamen obenauf.

An Lorenz‘ Gürtel baumelte ein mit Wasser gefüllter Lederbeutel, den er unterwegs wieder auffüllen konnte. Da Gisel keinen hatte, mussten sie sich das Wasser daraus teilen. Zudem hatten sie noch etwas Brot und Dörrobst als Wegzehrung eingepackt.

Schließlich standen sie mit dem Lokator auf dem Steg und beobachteten die Fähre, die vom anderen Ufer kam, um hier die Passagiere einzusammeln und dann wieder überzusetzen.

Das Holz des Kahns krachte beim Einfahren gegen den Steg. Der Fährmann sprang an Land und befestigte das Boot. Die ankommenden Fahrgäste, drei Männer und eine Frau, stiegen aus und gingen an ihnen vorbei. Im Boot blieb nur der andere Fährmann übrig.

Gisel beobachtete den Lokator, als er für die Überfahrt bezahlte. Während er die Münzen in die Hand des Fährmanns zählte, sah sie, dass er seine Fingernägel gesäubert und gekürzt hatte. Aber das war nicht das Einzige, das heute verändert aussah. Auch sein Haar und sein Bart unter dem spitzen Helm waren geschnitten und ordentlich gepflegt. Mit einem Wink forderte der Lokator Gisel und Lorenz auf, einzusteigen und sich auf die Bänke zu setzen. Es war schwierig, die Balance im schwankenden Boot zu halten, aber schließlich fand Gisel ihren Platz neben Lorenz. Der Lokator kletterte hinterher. Zum Schluss sprang auch der Fährmann ins Boot und stieß sich mit dem Ruder ab. Gisel sah den beiden Bootsmännern dabei zu, wie sie gegen die Strömung ankämpften.

Am Strand des anderen Ufers, wo die Ilz in die Donau strömte, waren Bootsbauer ansässig. Gisel erkannte es an den Holzgerippen, die vor den Häusern lagen und einmal Fähren werden sollten. Dahinter verlief die Straße zwischen Fluss und Fels, an den sich eine Häuserzeile aus Holzhütten drängte, manche mit einem Fundament aus Stein, einige sogar mehrstöckig. Gisel fragte Lorenz nach den verschiedenen Schildern vor den Gebäuden, auf denen Anker, Bierkrüge, Pferde oder Hirsche zu sehen waren.

„Das sind Gasthäuser. Weißt du, hier ist der Umschlagplatz der Händler. Sie verkaufen Getreide, Käse und Wild aus Böhmen und nehmen dafür Salz, Gewürze und Wein auf ihren Lasttieren mit über die Berge bis tief in die slawischen Gebiete hinein.“

„Du meinst die Säumer?“, fragte Gisel. Davon hatte sie schon gehört. Sie wusste, wie wichtig sie für die Stadt und ihren Handel waren.

„Richtig“, antwortete Lorenz. „Waren werden hier von den Zillen ausgeladen, auf Pferde und Esel verladen oder auf dem Markt angeboten. Die Säumer sind natürlich hungrig und durstig und sie brauchen eine Unterkunft.“

Der Lokator deutete die Straße flussaufwärts. „Geht den Weg an der Ilz entlang. Dort befindet sich das Schwarzkopftor mit der Mautstation, ihr könnt es nicht verfehlen. Das ist unser Treffpunkt. Curt wartet schon. Ich bin sofort wieder bei euch. Ich hole nur noch mein Pferd.“

Gisel und Lorenz taten, wie der Lokator sie geheißen hatte.

„Hier war ich noch nie! Du etwa?“, fragte Gisel außer Atem.

„Manchmal erledige ich hier Aufträge“, erwiderte Lorenz und warf einen prüfenden Blick auf Gisels geschulterten Sack.

Allmählich kam Leben in die Ilzstadt und ein buntes Treiben begann. Menschen und Tiere füllten die Straße, Händler packten ihre Waren aus und die Bootsleute hämmerten wieder an den hölzernen Gerippen. Gisel blieb von so vielen Eindrücken der Mund offen stehen.

Curt trug ein Kettenhemd und einen altmodischen Nasalhelm. Er sah verschlafen aus, während er an der Mautstation wartete. Diese bestand aus einem langgezogenen steinernen Haus neben einem Tor in der Stadtmauer am nördlichen Ende Passaus und seiner Ilzstadt. Hier hatten sich bereits andere Trosse eingefunden, Säumer neben ihren mit Säcken und Fässern beladenen Pferden, Ritter in verbeulten Rüstungen, vereinzelt auch Frauen in robuster Wollkleidung.

Nach einiger Zeit stieß der Lokator auf seinem Schimmel zur Gruppe und stieg ab. An der Seite des Tieres hing ein rundes Schild mit der Bemalung eines Bären. „Ihr seid die Ritter, die uns begleiten sollen?“, fragte er zwei Reiter, die neben Curt auf ihren Pferden warteten. Einer trug einen blauen, der andere einen gelben Waffenrock. Ihre Schilde waren auf ihren Rücken gebunden. Beide trugen Bärte und zeigten entschlossene Gesichter.

„Ihr seid Elias?“, fragte der Mann im gelben Rock. „Ich bin Theobald, das ist Otto. Wir stehen Euch zu Diensten!“

Der Lokator begrüßte die Ritter per Handschlag, wobei sich diese weit von den Pferden herunterbeugen mussten.

Dann wandte er sich an Lorenz und Gisel. „Ihr seid die einzigen Siedler, die von hier aus aufbrechen. Die anderen treffen wir auf Burg Wolfstein, ungefähr einen Tagesmarsch von Passau entfernt. Wir ziehen auf der Handelsroute der Säumer in die Freiung. Für einen Wagen ist der Pfad zu unwegsam, ihr müsst also zu Fuß gehen. Wenn das Gepäck zu schwer ist, können wir es auf eines unserer Lasttiere verladen.“ Er deutete auf drei dunkelgraue Maultiere mit weißen Nüstern, denen schon Kisten und Säcke aufgebunden waren. Gisels und Lorenz‘ Habseligkeiten waren nicht schwer, also lehnten sie das Angebot ab. Die Lasttiere waren ohnehin schon voll bepackt.

Der Lokator ging in das Mautgebäude. Einige Augenblicke später kam er mit einem Mann wieder heraus, der den roten Passauer Wolf auf seinem weißen Rock trug und sich so als Ministeriale der Stadt auszeichnete.

„Was habt ihr zu verzollen?“, fragte der Bedienstete.

„Wir haben Handwerkszeug, landwirtschaftliche Gerätschaften und ein paar Lebensmittel“, antwortete Elias.

„Und wohin geht es?“

„In die Freiung, zur Burg Wolfstein.“

Der Bedienstete ging zu den Maultieren und überprüfte die Ware, indem er ein paar Säcke aufschnürte und hineinsah. Zwar machte er sich nicht die Mühe, sie wieder zu verschließen, aber er verlangte auch nicht, dass der Lokator die schweren Kisten losband und öffnete. Schließlich ließ er sich von dem Lokator das Wegegeld in die Hand zählen.

Zusammen mit Curt zog der Lokator noch einmal alle Gurte fest, damit während der Reise nichts herunterfiel. Er klatschte in die Hände. „Bereit zum Aufbruch!“ Er und Curt saßen auf.

Lorenz drückte Gisel die Hand. „Jetzt geht es los!“

Gisel strahlte ihn an und gab ihm einen flüchtigen Kuss. Daraufhin lächelte Lorenz. Ihre Zuwendung schien ihm zu gefallen. Falls er noch

Zweifel an der Unternehmung hatte, dann ließ er sich die nicht anmerken. Das stimmte Gisel fröhlich und sie hüpfte von einem Bein auf das andere.

Endlich setzte der Tross sich in Bewegung, zum Saumtor hinaus. Dahinter öffneten sich grüne, hügelige Weiten. Gisel schlug das Herz bis zum Hals.

Immer wieder blickte Gisel sich um und sah die Stadt hinter sich kleiner werden. Vor ihr lagen die mit sattem Gras bewachsenen Hügel, die weiter hinten am Horizont umsäumt waren von Wald und Bäumen. Der Tross kam auf dem viel begangenen Pfad gut voran, der sich entlang eines Baches durch die Wiesen schlängelte, über dem noch der Nebel hing. Auf den Grashalmen glitzerte der Tau in der Morgensonne. Dazwischen blühten Löwenzahn, Schafgarbe und Hahnenfuß, die allesamt heilende Wirkung hatten. Sie atmete die frische Sommerluft und den Duft nach Gras und feuchter Erde ein. Neben ihr plätscherte der Bach in einer munteren Monotonie. In den Bäumen zwitscherten die Vögel. Der heisere Ruf eines Kuckucks drang an Gisels Ohr. Sie erinnerte sich an den Garten im Kreuzgang des Klosters. Ihr Herz machte einen großen Sprung. Wie viel freier sie sich hier fühlte, in diesem endlosen Grün, unter dem grenzenlosen blauen Himmel! Vor wenigen Stunden war sie zum ersten Mal in ihrem Leben dem tristen Grau und Braun der Stadt entkommen. Sie konnte die Weite gar nicht begreifen, die sich nun vor ihr erstreckte. Die Anspannung der letzten Tage fiel von ihr ab. In ihr machte sich eine noch nie dagewesene Leichtigkeit breit.

Allmählich aber wurde das Wandern beschwerlich. Es wurde heißer und Gisel schwitzte unter der Last ihres Gepäcks, das auf die Schultern drückte. Ihre Schuhe scheuerten an den Fersen. Mit jedem Schritt flaute Gisels Euphorie ab. Sie richtete ihren Blick auf die Stiefel von Lorenz vor sich und konzentrierte sich auf das dumpfe Geräusch seiner Tritte. Das verhaltene Pferdegetrappel und die lustigen Lieder, die Lorenz leise pfiff, lullten sie langsam ein.

*

Nach dem Überfall folgte Gisel wieder Lorenz‘ Schritten, den Sack auf ihren Schultern. Zumindest waren die Tontöpfchen darin heil geblieben. Die Angst, die sie gespürt hatte, als der Räuber ihr das Messer an die Kehle gehalten hatte, steckte ihr tief in den Knochen.

Doch was half es? Zurück konnte sie nicht. Dafür hatte die Dechantin schon gesorgt.
*

Gisel erinnerte sich an ihre Mutter. Die war, genau wie sie selbst, Leibeigene des Klosters gewesen und die Dechantin hatte auch sie schon gedemütigt, herumkommandiert und geschlagen. Der Vater war vor Gisels Geburt gestorben. Ihre Mutter hatte nie über ihn gesprochen. Doch irgendetwas musste vorgefallen sein, dass Schwester Elisabeth so viel Hass auf ihre Mutter gehabt und diesen dann auf die Tochter übertragen hatte.

Einmal verteidigte ihre Mutter Gisel vor der Dechantin, als sie in der Küche vom Honig genascht hatte. War der köstlich gewesen! Die Dechantin wollte mit einem Kochlöffel auf das Kind einschlagen, doch die Mutter warf sich dazwischen. Gisel sah zu, wie die Dechantin ihre Wut an ihrer Mutter ausließ. Diese Frau Gottes war grausam, sie war boshaft und man musste sich vor ihr hüten. Das verstand Gisel schnell. Warum die Mutter sie trotzdem immer wieder zur Nachsicht anhielt, das war ihr bis heute ein Rätsel.

Zu essen hatten sie nie genug gehabt. Es fehlte dem Kloster an allem. Ihre Mutter hatte es trotzdem geschafft, das Kind am Leben zu halten, während sie selbst immer schwächer wurde.

„Kind, weine nicht. Ich gehe zu Gott. Da geht es mir gut. Und ich warte darauf, dass du kommst", hatte die Mutter gesagt, als sie im Sterben lag. Dicke Tränen liefen über Gisels Gesicht. Ihre Mutter tätschelte ihr schwach die Hand, bis die dürren, zerschundenen Finger schließlich erschlafften.

Der blasse Leichnam war ausgemergelt gewesen, die Augen geschlossen, der Mund verzogen, sodass die Zähne gelb hervorstachen.

Eine Hand hatte Gisel an der Schulter gepackt und jäh fortgerissen. Keine Erklärung, kein Trost. Von da an hatte sie niemanden mehr gehabt, zu dem sie gehörte.

Lange hatte sie gebraucht, um den Tod ihrer Mutter zu überwinden. Immer sah sie sich selbst dort auf dem Strohsack liegen. Nachts unter der Treppe war sie oft hochgeschreckt. Beim Putzen war ihr das Bild ihrer toten Mutter wie ein Blitz in ihrem Kopf erschienen. Im Kreuzgang, in der Küche. Sie hatte sogar den Kopf gegen die Wand geschlagen, damit es wieder verschwand.

Schon als kleines Kind war Gisel bewusst gewesen, dass sie dasselbe Schicksal wie ihre Mutter ereilen würde. Wenn sie gehorsam war, dann würde sie im Himmelreich dafür entlohnt werden. Doch was war das für ein Leben, wo ein Schwein besser behandelt wurde als sie? Sie hatte sich geschworen, alles zu tun, um nicht so zu enden wie ihre Mutter. Gott konnte es nicht wollen, dass seine Schäflein elendig krepierten.

Von da an hatte sich Gisel um Schwester Hildegard bemüht, ihr zunächst unaufgefordert beim Unkrautjäten und Kräuterschneiden geholfen, bis Hildegard ihre Anwesenheit akzeptiert hatte. Bald hatte die Nonne Gisel eigene Aufgaben übertragen. Die Kräuter, das hatte Gisel gewusst, hätten ihrer Mutter helfen können. Sie hätten sie gestärkt und das Fieber vertrieben. Und wenn Gisel einst fortlaufen würde, weit weg in die Wildnis, von der Schwester Hildegard manchmal so schaurig erzählt hatte, dann würde sie doch wissen müssen, was sie essen durfte und was sie gesund machte!

Mit jedem Schritt, den Gisel tat, rieb sich die Ferse ihres für lange Wanderungen ungeeigneten Halbschuhs tiefer in den rechten Fuß ein. Da hatte sie sicherlich schon eine riesige Blase! Bei Strasskirchen fing es an. Und wie die Beine schmerzten! Von ihrer Ferse ging ein unerträgliches Ziehen und Stechen aus. Gisel war es ja gar nicht gewohnt, so eine weite Strecke zu laufen!

Anfangs konnte Gisel sich noch ablenken, denn die Landschaft war atemberaubend. Hügelketten zogen sich am Horizont entlang und wuchsen immer höher auf. Die Fichten und Buchen auf den Bergkuppen waren noch eingeschneit und schienen den Himmel und die Wolken zu berühren, unten in den Tälern verschwanden sie im Nebel. Wenn man auf einer Anhöhe wie der von Strasskirchen stand, sah man die angrenzenden Dörfer in ihren Rodungen im Mischwald liegen, der in den verschiedensten Grüntönen schattiert war. Als Erstes fiel immer der markante und spitze Kirchturm ins Auge, dann erst entdeckte man die umliegenden Häuser.

Seit sie sich nach der kurzen Rast in Hutthurm wieder auf den Weg gemacht hatten, war der Schmerz kaum auszuhalten. Gisel hinkte mit jedem Schritt, um den Fuß so wenig wie möglich zu belasten. Doch das Gewicht des Sacks drückte sie immer schwerer auf den holprigen Boden. Als es Gisel unmöglich war, weiterzugehen, nahm Ritter Otto sie mit auf seinen Hengst. Der Sack wurde auf Curts Pferd geladen. Immerhin war schon ein Drittel der Strecke geschafft. Richtung Röhrnbach ging es bergab, und Gisel merkte am Gang des Rappen, wie sich das Tier gegen das Gefälle stemmen musste. Sie krallte sich am robusten Stoff von Ottos blauem Waffenrock fest. Bei jedem Schritt des Pferdes wurde sie gegen die Platten seines Harnisches gequetscht.

In Röhrnbach machten sie eine Pause. Die Sonne hatte ihren höchsten Punkt schon überschritten und schien nun mit angenehmer Wärme in Gisels Gesicht. Mehrgeschossige Fachwerkhäuser drängten sich um einen Platz, auf dem bunte Buden aus Holz aufgebaut waren. Vor einer standen mehrere Kunden um Körbe voller Saatgut, Blumenzwiebeln und Jungpflanzen. An einer Planke parallel zur Häuserfront scharrten ein Dutzend braun gescheckter Ochsen im Matsch. Männer in zerschlissenen Hemden und braunen Wämsern prüften die Hufe und schauten ihnen ins Maul. An einem anderen Stand fiel das helle Fichtenholz der Neuware ins Auge – Rechen, Dreschflegel und Heugabeln. Einfach gekleidete Händler und Bauern liefen durcheinander und gingen ihren Geschäften nach. Vor der Hufschmiede standen die Pferde wartend in einer Reihe. Der Schmied besah sich gerade den Gang eines Tieres, das von einem Mann mit einem Strohhut geführt wurde. So wollte der Schmied wohl einschätzen, wie er das Hufeisen schlagen musste. Aus den Gasthäusern rund um den Marktplatz drang lautes Gelächter.

Hinter Röhrnbach wurde der Pfad steiniger und war weniger ausgetreten, ein Zeichen dafür, dass sie an den besiedelten Rand des Böhmerwaldes kamen. Während sie bisher auf dem Säumerweg noch viele Händler und Reisende begrüßt hatten, die sich meist zu mehreren zusammengetan hatten, trafen sie im wenig erschlossenen Hinterland nur selten Reisegruppen und noch seltener vereinzelte Männer und Frauen.

Der Lokator führte den Tross entlang der Bäche hangaufwärts. Zu beiden Seiten erhoben sich die bewaldeten Berge. An den Wasserläufen raschelten die jungen Blätter von Erlen und Weiden im Wind, Hochstauden streckten ihre Knospen empor und die Farne spreizten ihre gefiederten Blätter in der Sonne. Die Reisenden kamen an einer Mühle vorbei. Deren klobiger Steinbau schien im Tal zwischen den Hügeln ganz verloren. Das Mühlrad aber drehte sich munter und tönte mit dem Brausen des Bachs und einem Kuckuck um die Wette, welcher in einer Lärche saß, deren Blätter sich erst aus der Knospe zu kämpfen begannen.

Auf dem Rücken des Pferdes konnte Gisel der Landschaft viel mehr Beachtung schenken. Ganz genau beobachtete sie die blauen und gelben Vögelchen, die zwischen den Bäumen flatterten. Sie versuchte, die Kröte zu entdecken, zu der das geräuschvolle Unken gehörte. Dort flitzte ein munteres Eichhörnchen mit buschigem Schwanz den Baumstamm hinauf und entlockte Gisel ein Lachen. Hier gurgelte und toste ein Wasserfall und bahnte sich seinen Weg durch Geröll und Totholz, so laut, dass Gisel ihre eigenen Worte nicht mehr hören konnte. Welch eine neue, fremdartige Welt! Die Aufregung ließ Gisel erzittern. Manchmal hätte sie gerne angehalten, um sich das ein oder andere am Wegesrand genauer anzusehen. So aber musste sie aufpassen, dass sie vor lauter Staunen nicht vom Pferd fiel.

Sie überquerten einen hölzernen Steg am Zusammenfluss zweier Bäche, die sich von dort aus vereint weiter ins Tal schlängelten. Dahinter stieg gen Norden das Gelände stark an. Der Rappe kämpfte unter der Last von zwei Reitern und Otto ließ Gisel absteigen, um das Tier zu schonen. Sofort fing ihr Fuß wieder an zu brennen und schmerzen. Doch es half ihr nichts. Sie biss die Zähne zusammen und marschierte hinkend weiter.

Lorenz vor ihr keuchte leise und sein Atem stieg dampfend auf. Die Luft war kalt und klar. Sie roch nach Moos und Fichtennadeln. Der locker bestandene Wald mit seinen hellgrünen Kronen und dem moosbedeckten Boden wich allmählich einem undurchdringlichen Geflecht aus Tannen und Fichten.

Endlich ließ die Steigung nach, und das Terrain wurde wieder flacher. Auch der Wald lichtete sich, bis der Tross eine Rodungsfläche erreichte, die zu einer Siedlung gehören musste. Der Pfad führte sie vorbei an Äckern und Wiesen. Die Bäume, Sträucher und Blumen waren hier noch nicht so weit wie in Passau. Der Bergahorn trieb erst aus. Gerade verwelkten die Blüten der Haselnuss. Hummeln flogen von Schneeglöckchen zu Schneeglöckchen, die auf einer noch kargen Grasdecke zwischen Erde, Moos und Schnee wuchsen.

Sie erreichten zwei Höfe. Die Gebäude standen auf steinernen Fundamenten am Hang. Die Wände waren aus Holz. Davor wuchsen in umzäunten Gärten Kräuter, Gemüse und Blumen. Aus den Schornsteinen quoll Rauch. Ein Hämmern erfüllte die Luft. In der Tenne verrichtete wohl jemand seine Arbeit.

Vor dem Tross ging es hinunter ins Tal. Dahinter stiegen die Hügel in sanften Wellen wieder an. Wenn Gisel die Unendlichkeit fassen wollte, dann war das an genau dieser Stelle, wo der Wald sich hinstreckte, so weit das Auge reichte. Ein diesiger Schleier lag auf den Baumkronen in der Ferne, sodass Gisel nicht wusste, wo der Nebel aufhörte und wo der Himmel anfing. Willkürlich durchbrachen Siedlungen hier und dort den dunkelgrünen Teppich, doch es wirkte, als wollten die Bäume ihren Anspruch auf das Land nicht so schnell aufgeben.

Der Lokator zeigte auf die Bergkuppe vor ihnen. „Da wird unser Aigen entstehen. Dort unten verläuft der Saußbach, und auf einem Felsen dahinter steht Burg Wolfstein."

Eine Burg konnte Gisel nicht erkennen, so sehr sie ihre Augen auch anstrengte und den Horizont absuchte. Doch diese wilde, raue Landschaft berührte sie in ihrem Innersten. Dort drüben auf dem Buckel, der jetzt noch so unwirtlich aussah, würde ihr neues Zuhause entstehen. Gisels Hände waren schweißnass vor Aufregung. Kurz vergaß sie ihre Schmerzen. Dies war ein denkwürdiger Augenblick. Ihr neues Leben begann Form anzunehmen.

Als der Tross sich wieder bewegte, machte Otto keine Anstalten mehr, Gisel wieder auf das Pferd zu setzen. Also humpelte sie selbst weiter. Heute Abend würden ihr die Füße abfallen. „Halt durch, Gisel! Halt durch!", wiederholte sie wie ein Gebet. Sie war auf dem Weg in die neue Heimat. Dafür lohnte es sich zu kämpfen.

Auf dem Pfad ins Tal kamen sie an einer Kapelle vorbei. Sie war aus Holz errichtet und hatte ein kleines, verwittertes Türmchen. Gisel bekreuzigte sich. Sie pflückte einen Blumenstrauß und legte ihn am Eingang ab. So bedankte sie sich bei der Mutter Maria, dass auf dem Weg hierher nicht mehr passiert war. Vor allem aber bat sie um eine glückliche Zukunft für sich und für Lorenz, damit sich ihre Mühen am Ende auch auszahlten.

FREIUNG, FRÜHLING 1347

Die Burg sah aus wie ein übergroßes, weißgetünchtes Haus mit einem Walmdach und rot-weißen Fensterläden. Auf dem eingeebneten Vorhof standen sechs beigefarbene Rundzelte. Mehrere Unterstände für die Pferde und Lasttiere aus rot-schwarzem Tuch waren aufgebaut. Dazwischen lagerten Säcke aus grobem Stoff und Holzkisten. In Pferchen gackerten die Hühner und die Schweine grunzten.

Der Lokator stieg von seinem Schimmel ab und drückte Curt die Zügel in die Hand. Elias winkte die Ritter Otto und Gottfried zu sich und marschierte gemeinsam mit ihnen auf die Burg zu. Sie überquerten die Zugbrücke, deren dunkles Holz schon morsch aussah und die beim Gewicht der drei Männer bedenklich ächzte. Dann verschwanden sie im Inneren des Bauwerks.

„Das da drüben ist euer Zelt." Curt deutete auf eines, dessen Plane am Eingang aufgeklappt war, sodass Gisel in das leere Innere sehen konnte. Curt wandte sich einem Knecht zu und winkte ihn heran. Der Mann war zwar ordentlich mit einem naturfarbenen Hemd und braunen Beinlingen gekleidet, aber er hatte einen krummen Rücken. Der Knecht schlurfte schwerfällig heran, nahm den Schimmel des Lokators entgegen und führte ihn zum Striegeln ab. Curt selbst beaufsichtigte das Abladen der Maultiere durch zwei weitere Arbeiter.

Der graue Qualm eines Lagerfeuers stieg etwas abseits der Zelte nahe bei der Burgmauer in den Himmel. Über der Flamme baumelte ein Kochtopf an einem Dreifuß. Eine Frau von molliger Statur mit einem weißen Schleier um ihr rundes Gesicht rührte mit einer Schöpfkelle im Eintopf. Es roch nach einer Mischung aus Dung, Rauch und gekochtem Gemüse. Um das Lagerfeuer herum saßen auf drei Bänken bereits sieben Männer und Frauen. Laut redeten sie durcheinander. Es schien eine gesellige Runde zu sein. Gisel freute sich. Das waren also ihre neuen Weggefährten.

Gisel knurrte der Magen. Seit sie von Passau aufgebrochen waren, hatte sie nur ein wenig Brot und Dörrobst gegessen. So früh im Jahr war am Wegesrand noch nichts Essbares zu finden.

„Ich kann heute keinen einzigen Schritt mehr machen. Und Hunger habe ich zum Umfallen!“ Gisel ließ ihren Sack an Ort und Stelle zu Boden plumpsen, wandte sich von Lorenz ab und humpelte auf das Lagerfeuer zu. Die Leute verstummten und drehten ihre Köpfe nach den Neuankömmlingen um.

Die Frau am Kochtopf musterte Gisel unverhohlen. Ein bärtiger Mann mit ledriger Haut und glanzlosen Locken rutschte auf der mittleren Bank zur Seite. Mit der Hand klopfte er auf das Holz und grinste breit. „Hierher, schönes Fräulein! Hier ist noch Platz!“ Sein Akzent hörte sich rau an. Er verkürzte die Worte stark.

„Christian!“ Das Gesicht der Frau am Kochtopf lief rot an. Sie stemmte die Arme in die Hüften. Der Angesprochene zog den Kopf ein, als wäre es nicht das erste Mal, dass er von ihr zurechtgewiesen wurde.

Lorenz legte die Hand um Gisels Hüfte. „Tut mir leid, mein Herr, Gisel ist schon vergeben!“ Sein Gesicht blieb ernst und wollte nicht zu dem lockeren Spruch passen.

Eine tiefe Falte grub sich in die Stirn der Frau am Suppentopf. „Mein Mann kann einfach nicht die Hände bei sich lassen!“, keifte sie und hob drohend den Schöpflöffel.

Eine hochgewachsene Frau mit blassem Gesicht, einem grauen Kleid und einer gewöhnlichen Leinenhaube reichte Gisel eine dampfende Schüssel mit Eintopf. Dabei schwappte der Inhalt über Gisels Hand. Heißer Schmerz durchzuckte sie, doch sie biss sich auf die Lippe und zwang sich zur Beherrschung.

„Oh, das tut mir aber leid! Ich törichtes Ding!“ Die Hochgewachsene machte eine betretene Miene. Doch ihre Augen funkelten gehässig. Hatte sie die kochende Suppe etwa absichtlich ausgeschüttet?

Lorenz führte Gisel weg von Christian zur Bank zu seiner Rechten, wo nur ein Mann und seine Frau saßen und deshalb noch Platz war.

„Ja, kommt, setzt Euch zu uns!“ Die Stimme des Mannes am anderen Ende der Bank war tief und freundlich. Er hatte kurzes, schütteres Haar und einen braunen Stoppelbart. Er grinste verschmitzt. Sicher war er schon über dreißig.

„Ich bin Jakob. Das ist Katharina“, stellte er sich und die Frau daneben vor. Sie sah sympathisch aus, wenn auch ein wenig abgekämpft. Ihre Haut wirkte stumpf und kränklich, und die müden Augen waren fast so dunkel wie ihr schwarzes Haar. Dennoch verzog sie ihre blutleeren Lippen zu einem Lächeln.

„Wir sind Lorenz und Gisel“, erwiderte Lorenz. Gisel pustete auf einen Löffel mit Eintopf und probierte. Er schmeckte würzig und rauchig. Es tat gut, etwas im Magen zu haben. Das Lagerfeuer übertrug die Hitze auf ihre Wangen. Ihr fuhr ein wohliger Schauer über den Rücken. Sie streckte ihre pochenden Beine aus. Ihre Füße stachen und brannten. Trotzdem war Gisel erleichtert. Die erste Hürde hatten sie geschafft!

„Ihr trefft aber spät ein! Seid ihr mit dem Lokator aus Passau gekommen?“ Jakob hob die Augenbrauen.

Lorenz nickte. „Ja, im Morgengrauen sind wir mit der Fähre übergesetzt. Seitdem sind wir unterwegs.“ Auch er bekam von der Hochgewachsenen in dem grauen Kleid eine Suppenschüssel aus Holz in die Hand gedrückt. Doch diesmal wurde die Geste von einem Lächeln begleitet.

„Aus Passau!“, wiederholte die dicke Köchin ungläubig und ließ sich neben ihren Mann auf den Platz fallen, den dieser Gisel vorher angeboten hatte.

„Wir sind alle Bauern aus der Umgebung“, erklärte der Mann, der neben Christian saß. Ein attraktiver Mann, fand Gisel. Das glatte, glänzende Haar war zu einem Pferdeschwanz gebunden und sein Bart war ordentlich und kurz gehalten. Sah er besser aus als der Lokator? Einen eitleren Eindruck machte er allemal.

„Lorenz ist Zimmermann. Ich habe in einem Kloster gearbeitet und kenne mich mit Kräutern aus“, erläuterte Gisel stolz. Sofort bereute sie es. Denn von dem düster dreinschauenden Mann mit dem kurzen, schwarzen Haar, der ihr gegenübersaß, erntete sie ein abweisendes Knurren und von der Frau, welche die Suppenschüsseln gereicht hatte, einen finsteren Blick. Waren sie neidisch? Skeptisch? Gisel erwähnte lieber nicht, dass sie eine Leibeigene des Klosters gewesen war. Sollten sie doch denken, sie sei eine Magd oder eine Nonne, die ihr Gelübde gebrochen hatte. Sie kannte diese Leute nicht und konnte nicht abschätzen, ob sie sie für ihre Vergangenheit verurteilen würden. Also musste sie die argwöhnischen Blicke der Siedler aushalten, aus denen das Misstrauen gegenüber den Städtern sprach.

Jakob aber fuhr im Plauderton fort. „Wir sind aus Falkenbach. Die vier zu unserer Linken kommen aus Köppenreut, das ist das Nachbardorf zu Falkenbach. Wir sind immer zur selben Mühle gegangen, um unser Mehl zu mahlen." Er lachte auf. „Einmal haben wir mit dem Müller so lange gezecht, dass wir alle eingeschlafen und erst am nächsten Morgen wieder aufgewacht sind. Das Mehl war noch nie so fein gemahlen. Aber zu Hause gab es Ärger mit unseren Frauen!"

Er deutete nacheinander auf jeden Einzelnen. „Ingrid." Das war die dicke Köchin. „Christian." Ihr Mann mit den langen, wirren Haaren. „Stephan." Das war der ansehnliche Mann neben Christian. „Agnes." Die Hochgewachsene in dem grauen Kleid und dem blassen Gesicht.

„Und die beiden?", fragte Gisel Jakob mit verhaltener Stimme. Dabei deutete sie auf das Paar auf der Bank gegenüber. Das Haar des Mannes, der sie vorhin schon so abweisend angeknurrt hatte, war strähnig, und seine Wangen übersät von Pocken. Die Frau trug ein weißes Kopftuch um ihr feistes Gesicht. Darunter lugten blonde Strähnen hervor. Sie wirkte jung und unscheinbar. Beide schwiegen und starrten in die Flammen.

„Hartmut und Maria? Die sind aus Oberndorf. Die kennen wir auch erst seit heute", erklärte Jakob schulterzuckend.

Als er seinen Namen hörte, blickte Hartmut auf und starrte Gisel finster an. „Wir mögen zwar einfache Bauern sein, aber das Land bewirtschaften wir schon seit Jahren."

Der schöne Stephan mit dem Pferdeschwanz nickte bekräftigend. „Wir sind eins mit den Äckern, Wiesen und Wäldern. Wir wissen, welche Wolken Regen ankündigen, wann wir das Getreide aussäen müssen und welche Tiere sich am besten zum Pflügen eignen."

„Mal sehen, wie lange ihr zwei Städter mit uns mithalten könnt!", stieß er boshaft hervor und spuckte auf den Boden.

„Ach, jetzt seid friedlich und esst doch erst mal!“, sagte Jakob kauend und tunkte ein Stück Brot in den Eintopf. Gisel war ihm dankbar, dass er sie in Schutz nahm.

Während sie aßen, trat der Lokator mit Curt zum Lagerfeuer. Gisel blickte von ihrer Schüssel auf und musterte ihn. Der Lokator war schon ein stattlicher Mann, wie er da stand mit seinem kantigen Gesicht und den breiten Schultern. Er schaute in die Runde.

Doch nicht er, sondern Curt räusperte sich und hob dann die Stimme an. „Hört her, der Lokator hat euch was zu sagen!“

Die Siedler verstummten. Sie ließen die Schüsseln sinken und wandten die Gesichter dem Lokator zu.

Der hob die Hände, um in ruhigen Gesten seine Worte zu unterstreichen. Er sprach mit fester Stimme und blickte dabei jeden Einzelnen eindringlich an. „Männer und Frauen! Endlich ist es so weit! Morgen brechen wir auf zum Aigen. Nach monatelanger Vorarbeit nehmen wir unsere Siedlungsstätte in Besitz! Monate, in denen wir unserem gemeinsamen Traum entgegengefiebert haben! Jetzt werden wir unsere Zelte aufbauen, den Wald roden und mit dessen Holz unsere Häuser bauen. Mit vereinten Kräften werden wir das Land einnehmen. Wo wir nur können, werden wir einander helfen. Wir alle, jeder Einzelne von uns, ist Dorfgenosse und Mitglied dieser Gemeinschaft! Auf unser Zusammenwirken kommt es an, ob aus der Unternehmung ein Erfolg wird. Wenn einer nicht mitzieht, gefährdet das unsere gesamte Gemeinschaft! Also vergesst nicht, was uns zusammenhält: der Traum von einem eigenständigen Leben. Jeder von uns soll sein Stück davon haben. Keiner soll übervorteilt oder ungerecht behandelt werden. Dafür stehe ich ein mit meinem Namen.“ Der Lokator klopfte sich mit der Faust auf die Brust und sah in die Runde. Dann streckte er den Arm in die Höhe. „Männer und Frauen! Packen wir es an! Zusammen schaffen wir das! Lasst uns gemeinsam unseren Traum verwirklichen!“

Die Siedler trommelten vor Begeisterung auf die Bänke.

Stephan sprang auf und klatschte. „Ja! Packen wir es an!“

Jakob zog Katharina an sich heran und herzte sie.

Gisel spürte die Hitze in sich. Ob von den Flammen des Feuers oder den Worten des Lokators, wusste sie nicht zu sagen. Sie warf die Hände in die Höhe und jubelte laut mit den anderen. Als sie Lorenz in die Seite stieß, kippte der um wie ein nasser Sack.

Er rappelte sich wieder auf und sah Gisel an. Sie konnte seinen Blick nicht deuten.

Lorenz stand auf. „Ich gehe zu Bett!"

Gisel zog erstaunt die Brauen hoch. „Aber willst du denn nicht noch ein wenig am Lagerfeuer sitzen bleiben?" Sie war noch viel zu aufgeregt, um jetzt schon schlafen zu gehen. Sie musterte die Siedler. Ihr Blick kreuzte den von Christian. Als der ihr zulächelte, kniff seine Frau Ingrid ihn ins Bein. Mit gerunzelter Stirn sah sie zu Gisel herüber. Ingrid wurde ihr allmählich unheimlich.

Schnell erhob sich Gisel ebenfalls. „Warte, Lorenz! Ich komme mit!"

Lorenz stapfte schon in Richtung Zelt. Sie schlüpfte an den Bänken vorbei, da rammte die dicke Ingrid ihr den Ellenbogen in die Seite. Gisel taumelte.

„He, was ...?", Gisel brach den Satz ab.

Herausfordernd sah Ingrid sie an.

Gisel zögerte. Was sollte sie tun? Ingrid beschimpfen und mit ihr einen offenen Streit anfangen? Besser nicht! Gisel schluckte ihre Wut hinunter. „So warte doch!", rief sie und rannte Lorenz hinterher.

An der Decke des Rundzeltes, wo die Gestänge zusammenliefen, hatte Lorenz eine hölzerne Laterne aufgehängt. Das Licht der Kerze schimmerte warm und tauchte das Innere des Zeltes in eine behagliche Atmosphäre. Die Flamme warf gesprenkelte Schatten auf den grob strukturierten Zeltstoff. Durch die Spalte zwischen Gras und Zelt kroch die Kälte von außen herein. Gisel breitete die Binsenmatten, die in der Ecke standen, auf dem Boden aus. Sie setzte sich darauf und zog ihre Schuhe aus. Ihre Füße waren geschwollen und an der Ferse wund gescheuert. An ihrem großen Zeh hatte sie eine Blase.

„Jetzt sind wir hier", sagte Gisel und betupfte vorsichtig die wunden Hautstellen. Auf dem Weg hatte sie Schafgarbe gepflückt. Sie zerrieb die weißen Blüten mit den Fingern und wickelte sie mit einem Stück Stoff um die Knöchel.

„Und vor allem sind wir noch am Leben!", sagte Lorenz, setzte sich neben sie und zog ebenfalls seine Stiefel aus. Seine Beinlinge verbreiteten einen scharfen, schweißigen Geruch.

Gisel beobachtete Lorenz. „Es ist meine Schuld, dass du diese Strapazen über dich ergehen lassen musst. Der Überfall, der lange Weg hierher. Und es wird noch mehr auf uns zukommen. Ich kann dir gar nicht genug danken!"

Er grinste verschmitzt. „Ich wüsste da schon, wie du mir danken kannst."

Gisel tat so, als habe sie seine Anspielung überhört, und ließ ihren Gefühlen freien Lauf. „Jahrein, jahraus habe ich davon geträumt, dass ich von dieser Qual im Kloster erlöst werde. Dass es nicht einfach wird, das haben wir vorher gewusst. Ohne dich wäre ich jetzt im Kloster Vornbach. Doch jetzt sind wir in der Freiung und wir haben uns!" Sie umarmte Lorenz innig und roch dabei den würzigen Duft der Schafgarbe an ihren Fingern. Von draußen drangen die melodischen Klänge einer Laute und dazu der fröhliche Gesang der Siedler herein.

Lorenz strahlte und küsste sie auf die Wange. „Die anderen Männer waren richtig neidisch auf mich!"

Gisel legte sich auf die Binsenmatte und breitete über sich die Decke aus. Der Boden war hart und kühl.

Lorenz zog Gisel an sich. „Komm her! Weißt du, wie stolz ich bin, dich zur Frau zu haben? Ich würde dir überallhin folgen! Sogar bis ans Ende der Welt!"

Gisel seufzte. Lorenz war der erste Mensch, der sie so in den Arm nahm wie ihre Mutter. Allerdings fühlte er sich nicht warm und weich an, sondern eher ungelenk. Jetzt schob er auch schon seine Hand auf ihre Brust und knetete sie. Sofort spannte Gisel sich wieder an. Wie sehr sie sich danach gesehnt hatte, sich einfach fallen zu lassen. Doch Lorenz tat ihr den Gefallen nicht. Begierig forderte er sein Recht als Ehemann ein, schob ihr das Hemd hoch und wälzte sich stöhnend auf sie. Gisel starrte in das Licht an der Decke und ließ es sich gefallen. Sie tastete nach der Münze um ihren Hals. Fest schloss sie ihre Hand darum. Sie liebte Lorenz nicht, aber sie brauchte ihn.

Zusätzlich gab es für sie eine Störung in ihrem Verhältnis. Ein Bild hatte sich in ihr besonders eingebrannt – Lorenz, das Häuflein Elend, unter der Leiche.

TEIL 2

FREIUNG, SOMMER 1347

Nach der Ankunft im Siedlungsgebiet dauerte es mehrere Wochen, bis die Siedler den Kern gerodet hatten. Die Männer orientierten sich an der Straße, die von Süden zur Burg Wolfstein führte, und legten zu beiden Seiten davon die Flächen frei. Westlich wies der Lokator einen Anger aus, wo er später die Kirche errichten wollte. Um den Platz führte ein Rundweg, der zuerst kaum mehr war als ein etwas breiterer Trampelpfad in der braunen Erde. Darum herum spannten der Lokator und Curt Richtschnüre, schlugen Pflöcke ein und maßen fünf Parzellen mit einer Stange ab. Jede davon wurde einer Siedlerfamilie für den Hausbau zugewiesen. So entstand das Aigen. Die südlichste Parzelle gleich an der Hauptstraße bekamen Lorenz und Gisel. Daneben siedelten Stephan und Agnes. Im Westen, wo die Sonne unterging und der Anger eine Schmalseite bildete, lag die Parzelle von Hartmut und Maria. Jakob und Katharina hatten ihr Grundstück daneben und gegenüber von Stephan und Agnes. Christian und Ingrids Landstück lag an der Hauptstraße, genau wie Lorenz' und Gisels Parzelle. Auf der Rodungsfläche östlich der Hauptstraße, gegenüber von Hartmut und Maria, maß der Lokator eine Parzelle für sich selbst ab. Diese war doppelt so groß wie die anderen.

Rodung und Vermessung waren im Frühsommer abgeschlossen. Danach begann Lorenz mit dem Hausbau. Dafür durfte er einen Teil der gerodeten Bäume verwenden. Gisel ging ihm zur Hand, entfernte mit einem Beil die Ästchen und half Lorenz beim Sägen oder Vernageln der Bretter und dünneren Baumstämme, wenn er eine zweite Hand brauchte.

Wenn es die Zeit zuließ, ging Gisel mit Katharina hinaus, um auf den Wiesen, an den Bachläufen und in den Wäldern nach Kräutern für ihren Garten zu suchen: blaue Schwertlilien, von denen sie die Wurzeln gebrauchen konnte, ein Hundsrosenstrauch, dessen rote Hagebuttenfrüchte bei verdorbenem Magen halfen und die gefiederten Blätter und die Früchte des Kümmels, die Gisel für Aufgüsse nutzen würde. Dazu Minze, Schafgarbe, Wacholder und Kamille und noch einige andere. Die Pflänzchen grub sie sorgfältig aus, trug sie heim und pflanzte sie in die aufgelockerte Erde ihres Gartens.

Oft war Gisel auf ihren Wanderungen schier überwältigt von der Landschaft mit ihrer besonderen Flora und Fauna Das Feuchtgebiet unten am Saußbach war eine von Gisels Lieblingsstellen. Kraut, Binsen und Gräser wuchsen großflächig und zogen sich in samtig-grünen Wellen über die Niederung. Dazwischen schwirrten blau-grün schillernde Libellen über die zartroten Pflänzchen des Sonnentaus. Wo das Wollgras wie ein flauschiger Teppich das Moor überzog, schienen bei Sonnenuntergang Tausende von kleinen Laternen zu schimmern.

Ein anderes Mal beobachteten Katharina und Gisel Wolfswelpen mit spitzen Öhrchen und Stummelschwanz, die am Waldrand unter dem Gehölz herumtollten. Als ihnen die Mutter zu lange fehlte, winselten sie leise nach ihr.

Oder die beiden Frauen saßen auf einer Anhöhe und blickten auf die fernen, nebelumsäumten Berge, bis ein Schmetterling mit weißem Saum an den Flügeln ihre Aufmerksamkeit zurück in die unmittelbare Nähe zog. Momente wie diese drängten ihre Zeit im Kloster in den Hintergrund und ließen sie unwirklich erscheinen. Welches Glück Gisel hatte, eine solche Freiheit erleben zu dürfen.

Wenn es wieder einmal spät wurde, hängten sich die beiden Frauen ihre Taschen um, rafften die Röcke und liefen lachend über die Hügel, bis sie atemlos im Aigen ankamen.

Jeden Tag bewässerte Gisel die Pflanzen im Garten mit dem Regenwasser aus dem Holzfass, das an der Ecke des Hauses zum Garten stand. Sie gediehen gut. Es war zwar noch zu keiner schlimmeren Erkrankung gekommen, doch sie konnte den dünnen Getreidebrei, den es täglich zu essen gab, mit der einen oder anderen Zutat verfeinern.

Jetzt stand Gisel wieder einmal in ihrem Kräutergarten. Er war von einem Zaun aus Haselflechtwerk umgeben. Die Fichtenholzpfähle dazwischen hatten noch keine Zeit zum Nachdunkeln gehabt. Lorenz hatte sie mit einem Klöpfel senkrecht in den Boden gerammt. Der Zaun roch noch intensiv nach Rinde und Harz. Über Gisel war der Himmel nur mit ein paar Schäfchenwolken behangen. Das kleine Gatter stand offen.

Oben am Hausdach hämmerte Lorenz. Er befestigte die rechteckigen Schindeln, die er aus dem gerodeten Nadelholz gespalten hatte. Die Holzscheite dafür waren sorgfältig unter dem Überdach aufgestapelt, damit sie nicht nass wurden. Davor stand der Hackstock, in dem die Axt steckte. Lorenz' Haus war das Schönste im Dorf. Die sorgsam gearbeiteten Bretter der Wände waren regelmäßig horizontal angeordnet. Unter dem spitzen Giebel gab es ein kleines Fenster. So auch auf der Traufseite, wo die Türe in einen Stock eingefasst war. Lorenz hatte es sich nicht nehmen lassen, dunklere Zierhölzer, so wie bei einem Fachwerkhaus, anzubringen. Vor dem Eingang hatte er eine Überdachung gebaut, die er später als Tenne nutzen wollte. Außerdem konnte er darunter, vor Regen geschützt, im Freien seiner Schreinerarbeit nachgehen. Im Inneren gab es nur einen Wohnraum mit einem offenen Kamin. Ein breiter Korridor verband den Wohnraum mit einem Stall. Hier konnte Lorenz Werkzeug lagern oder Pflug und Zuggeschirr, wenn es Zeit dafür war. So einen Flur hatten die anderen Häuser nicht, denn dieses nützliche Verbindungselement war alleine Lorenz' zimmermännischem Geschick zu verdanken. Unter dem Dach befand sich der Getreidespeicher, den Gisel über eine Leiter im Hausflur erreichen konnte.

Das frisch geschlagene Holz arbeitete noch immer und verzog sich. Hier und da pfiff der Wind schon durch die Ritzen. Sobald sich ihr Leben in Freiung gefestigt hatte, wollte Lorenz diesen Vorgängerbau ablösen. Dann würde er mit gelagertem Holz eine größere, komfortablere Bleibe mit einer besseren Dämmung für die Familie bauen. Doch schon jetzt war Gisel erleichtert, dass sie endlich wieder ein festes Dach über dem Kopf hatte. Im Zelt, das sie bis vor Kurzem noch bewohnt hatten, war es immer sandig und nass gewesen.

Als Erstes arrangierte sie liebevoll ihre Besitztümer auf dem Regal in der Stube. Die Kräutergefäße von Schwester Hildegard, die schwarze Dose und das Taschentuch ihrer Mutter sowie die Geschenke der Nonnen – die Löffel, den Kamm und den Kerzenständer. Schließlich stand sie davor, besah sich noch einmal jeden einzelnen Gegenstand genau und lächelte. Und wenn es jetzt regnete, tanzte sie in der Stube zu den niederprasselnden Tropfen und war froh darüber, wie gut sie es hier drinnen hatte.

Zufrieden blickte Gisel auf den Kräutergarten. Sie hatte ihn ganz allein, ohne die Anleitung von Schwester Hildegard angelegt. Lorenz ließ ihr freie Hand, wie in allen Haushaltsangelegenheiten. Hier konnte sie pflanzen, Unkraut jäten, ernten und zurückschneiden, wie sie es für richtig befand. Zwar war ihre Haut schon unschicklich braun geworden und unter ihren Fingernägeln starrte der Schmutz, aber immerhin hatte ihr Lorenz einmal das Kompliment gemacht, dass sie jetzt viel lebendiger aussah. Gisel atmete tief durch. Hier konnte sie in alle Himmelsrichtungen laufen, wann immer sie wollte. Für den Ort hatte sich der Name Aigen eingebürgert. Wie zutreffend. Endlich hatte sie etwas Eigenes!

Katharina trat neben sie.

„Schön ist er geworden, dein Kräutergarten“, sagte die Freundin, während sie ein Minzblättchen zwischen ihren Fingern zerrieb. „Meine Mutter wusste viel über die Pflanzen, die hier wachsen. Sie hat mir alles beigebracht.“

Gisel stieg vor Stolz die Röte ins Gesicht. „Im Kloster habe ich sehr viel über Heilkräuter und ihre Anwendung gelernt. In der Stube auf dem Regal habe ich Galgant und Zimt stehen, willst du sie sehen? Sie sind sehr kostbar!“

„Sehr gerne ein andermal. Jakob kommt gleich und ich muss nach Hause. Eine Sache noch, Gisel. Wo ist denn dein Gemüsegarten? Bei mir wachsen schon Lauch, Möhren, Zwiebeln und Rüben!“

Gisel blickte die Freundin nachdenklich an. „Einen Gemüsegarten? Daran habe ich auch schon gedacht. Aber ich bin noch gar nicht dazu gekommen! Mit dem Hausbau und dem Kräutergarten hatten wir schon alle Hände voll zu tun.“

„Den wirst du aber brauchen, um etwas für den Winter zu haben!“

Natürlich! Im Kloster hatte Gisel Schwester Klara immer beim Putzen des Gemüses in der Küche geholfen. Aber beim Pflanzen hatte sie nie zugesehen. Deshalb war sie im Aigen damit nachlässig gewesen. Jetzt mussten sie Geld vom Lokator erbetteln, um Gemüse kaufen zu können!

„Im nächsten Jahr helfe ich dir dabei!“, tröstete die Freundin und zupfte eine Spinne von Gisels Mütze.

Gisel sah Katharina hinterher, wie sie mit gelupftem Rock Jakob über den Anger entgegenlief, der gerade von der Feldarbeit nach Hause kam.

In dem Moment kamen auch die dicke Ingrid und die hochgewachsene Agnes die Straße vom Süden herauf und bogen in den Rundweg ein. Beide hielten Körbe in ihren Händen, in denen sich Himbeeren und Heidelbeeren aufhäuften. Vor Gisels Haus blieben sie stehen.

„Hantierst du immer noch in deinem Kräutergarten?", fragte Agnes spitz und äugte über den Gartenzaun.

„Ja", antwortete Gisel knapp und legte die Stirn in Falten. „Warum fragst du das?"

Schwere knirschende Schritte von Pferdehufen näherten sich auf dem Rundweg. Gisel hob die Hand über die Augen, um nicht von der Sonne geblendet zu werden. Es war der Lokator, der aufrecht auf seinem Schimmel saß und die Handelsstraße nach Wolfstein heraufkam. Er trug ein rotes Hemd und einen braunen Umhang, der mit silbernen Zierschnallen zusammengehalten wurde. Sein schulterlanges Haar fiel offen herab.

„Komm, Ingrid, wir müssen gehen." Beim Anblick des Lokators zog Agnes die Freundin mit sich.

„Kräuter!", stieß Ingrid aus, als sie schon ein paar Schritte gegangen waren. Sie sagte es so laut, dass Gisel es hören musste. „Gar kein Gemüse für den Winter! Die dumme Kuh wird es wahrscheinlich erst kapieren, wenn ihr der Schnee um die Ohren weht!" Die beiden Frauen kicherten boshaft.

Gisel sah ihnen verärgert nach. Sie würden schon noch sehen, was sie von ihren Kräutern hatte! Trotzig streckte sie ihnen die Zunge raus.

Der Lokator machte vor ihrer Parzelle halt und sprang vom Pferd.

„Herr Elias!", rief Gisel und winkte ihm zu. Sie sah ihn nur selten. Während der Rodungsarbeit hielt er sich meist bei den Männern auf und an den Versammlungen durfte sie als Frau nicht teilnehmen. Allerdings quetschte sie Lorenz über die Gespräche aus und erfuhr, dass der Lokator im nächsten Jahr das Haus für einen Pfarrer in Angriff nehmen wollte und dass Graf Johann von Hals Elias auf ein Fest in die Burg eingeladen hatte. Sie mochte den Lokator gern, denn er hatte immer ein nettes Wort und ein Lächeln für sie übrig. Gisel klopfte sich den Staub vom Kleid und stopfte sich eine rote Locke zurück unter die Haube.

Der Lokator warf einen Blick zu Lorenz empor, der mit dem Rücken zu ihm auf dem Dach kniete und in seine Arbeit vertieft war. Deshalb wandte sich Elias an Gisel.

„Schön ist er geworden, dein Kräutergarten. Die anderen Frauen können sich ein Beispiel daran nehmen!“ Er zwinkerte ihr zu und lächelte. „Deine Schönheit kann er natürlich nicht übertreffen!”

Gisel strahlte und fühlte die Wärme in ihr Gesicht steigen. „Danke, Herr. Ich denke, er ist die Mühe wert. Wenn jemand krank ist, kann ich sofort helfen, mit warmen Wickeln oder einem kräftigenden Tee.“

„Deine Kräuter sind sehr nützlich für uns alle“, bestätigte der Lokator.

Gisel trat durch das Gatter, bis sie dicht neben dem Lokator stand. Sie konnte sogar die feinen Härchen sehen, die ihm aus dem Ohr wuchsen. „Herr, eine Bitte.“

„Was gibt es denn?“ Elias zog die Augenbrauen hoch. Seine Stimme war freundlich, aber auch streng, als ob er Gisel mahnen wollte, ihm nicht seine Zeit zu stehlen.

Gisel holte Luft. „Wenn mein Heilwissen für das ganze Dorf nützlich sein soll, dann muss ich noch mehr Kräuter besorgen. Petersilie wäre gut und Salbei auch. Und Hirschzungenfarn! Die wachsen hier nicht natürlich und keiner der Nachbarn hat sie im Garten.“

„Da ließe sich sicherlich was machen. Es kommen hier immer wieder Händler vorbei, die Gewürze mitbringen. Beim nächsten sehen wir, was er für dich hat.“

„Herr Lokator, wolltet Ihr mit mir sprechen?“ Lorenz blickte vom Dach herunter. Er hatte sein Hemd ausgezogen und stand mit nacktem Oberkörper und gebräunter Haut in der prallen Sonne, nur den Kopf hatte er mit einer Lederkappe abgeschirmt. An Armen und Brust waren in den letzten Wochen die Muskeln gewachsen, doch quer über seinen Körper verliefen rote Striemen, wo Gestrüpp und Äste während der Arbeit an den Baumstämmen seine Haut aufgerissen hatten.

„Das Haus ist dir ja gut gelungen!“, rief der Lokator zu Lorenz hoch. „Deine Zimmermannskunst werden wir noch gut einsetzen können!

Aber zuerst müssen wir die Felder roden, damit wir den Winterroggen sähen können! Übermorgen, sobald die Sonne aufgeht, beginnen wir!"

Lorenz schob seine Kappe zurück und kratzte sich am Kopf. „Ist gut, Herr!"

Ohne weitere Worte stieg der Lokator wieder auf seinen Schimmel, der ein wenig zu tänzeln anfing. Bevor er in Richtung Wolfstein davongaloppierte, hob er die Hand zum Gruß.

Mitten in der Nacht schrak Gisel hoch. Sie richtete sich im Holzbett auf, das Lorenz sich zu bauen nicht hatte nehmen lassen. Es knarrte leise. Sie horchte. Was war das für ein Lärm gewesen?

Stille. Hatte sie sich getäuscht? Da! Wieder! Verhaltenes Poltern. Gedämpfte Stimmen.

Sie zögerte kurz. Dann schüttelte sie Lorenz, der neben ihr tief und regelmäßig atmete. „Lorenz! Hörst du das auch?"

Lorenz murmelte etwas, drehte sich zur anderen Seite und schlief weiter.

Gisel hüpfte aus dem Bett. Sie blickte durch das kleine Fenster neben der Tür. Der Himmel war sternenklar. Die Häuser der Siedlung, die Straße, der Wald lagen in dunklen Silhouetten ruhig vor ihr. Im Mondschein konnte sie nichts Auffälliges erkennen. Sie lauschte wieder. Die Geräusche konnten ebenso vom Ächzen der Äste im Wind oder von einem wilden Tier stammen. Vielleicht hatte sich ein Fuchs in ihren Garten verirrt, kam nicht mehr heraus, scharrte jetzt wie wild am Zaun und jaulte? Ohne nachzudenken, entriegelte sie die Türe. Sie quietschte in den Angeln, als Gisel sie öffnete. Sie tappte nach draußen. Kühler Wind wehte ihr ins Gesicht. Sie wartete, bis sich ihre Augen an das silbrige Licht gewöhnt hatten. Dann beugte sie sich über das Geländer des Vordaches.

Knallte da nicht ein Gatter? Gisel lief hinüber zum Kräutergarten neben dem Haus. Tatsächlich schwang dessen Türe im Wind auf und zu. Über den Zaun hinweg sah sie auf der anderen Seite im Mondlicht zwei Gestalten in Richtung Wald davonlaufen. Erkennen konnte Gisel sie nicht. Dafür waren sie viel zu weit weg.

Gisel sah davon ab, sie zu verfolgen. Im schlimmsten Fall wäre sie von den beiden überwältigt worden. Stattdessen schloss sie das Gatter. Da sah sie das Unglück! Alles war zerstört! Die Kamille, die hüfthoch gewachsen war, war abgeschlagen, die bodendeckenden Blüten ausgerissen, sogar die kräftigsten Äste des Wacholderstrauches abgebrochen. Alles war hin!

Gisel rannte zurück ins Haus. „Lorenz! Lorenz! Der Kräutergarten! Jemand hat ihn zerstört!"

In der Hütte war es finster, nur wenige gebrochene Strahlen verirrten sich unter das Vordach in den Flur. Gisel tappte in die Stube, in der es nach kaltem Rauch roch, und hinüber zum Bett in der Ecke.

Im Dämmerlicht zeichneten sich die Umrisse von Lorenz unter der Decke ab. Diesmal würde sie Lorenz nicht weiterschlafen lassen. Unsanft rüttelte sie ihn am Arm.

Lorenz wollte sie abschütteln, doch Gisel drängte ihn. „Lorenz! Der Kräutergarten!"

Nun setzte er sich doch auf. Er gähnte und fuhr sich mit der Hand durchs Haar. „Langsam! Langsam! Was ist passiert?"

„Jemand hat den Kräutergarten verwüstet! Er ist komplett ruiniert!"

Lorenz packte Gisel an der Schulter. Trotz der Dunkelheit sah sie die steile Stirnfalte, die sich in sein Gesicht eingrub.

„Es ist mitten in der Nacht! Was soll ich denn da tun?"

„Du ... du ...", stotterte Gisel. „Du musst es dem Lokator melden!", stieß sie hervor.

Lorenz streichelte ihr die Schulter, doch das beruhigte Gisel nicht.

Da schüttelte er sie sanft. „Das bringt doch nur böses Blut unter die Siedler!"

Gisel schnaubte und entwand sich ihm. „Aber die Zerstörung hat doch schon böses Blut gebracht!"

„Ach, Gisel!“ Lorenz runzelte die Stirn. Das Weiß seiner Augen reflektierte im Mondlicht. „Du kannst den Kräutergarten doch wieder aufbauen! Und jetzt lass mich schlafen. Mir tun die Knochen noch immer weh von der Arbeit!“ Lorenz machte sich wieder lang, zog die Decke über die Schultern und vergrub sein Gesicht im Kissen.

Gisel krallte die Finger in den Strohsack. Sie war wütend. Sehr wütend. Diese Verwüstung war reine Schikane gewesen! Und Lorenz wollte, dass sie sich das gefallen ließ? Da hätte sie gleich im Kloster bleiben können! Der Garten war jedenfalls hin, und über den Winter würde sie keine Kräuter trocknen können!

„Das ist doch nicht dein Ernst!“, zischte Gisel. Doch Lorenz schnarchte bereits wieder.

Gisel war so aufgebracht, dass die Unruhe sie kaum einschlafen ließ. Am Morgen, noch vor Sonnenaufgang, schlug sie gähnend und mit einem schweren Kopf die Bettdecke zur Seite und stand auf. Heute war Waschtag. Das war gut, denn unten am Fluß konnte sie ihrer Wut beim Einreiben und Walken der Wäsche durch die schwere körperliche Arbeit freien Lauf lassen. Dabei brüllte sie den Zorn aus sich heraus. Hinter dem Haus hing sie die Wäsche auf und breitete sie auf dem Gras aus.

Sie blickte hoch und hielt inne. Schon von Weitem sah sie einen Mann die Straße über den Berg zur Siedlung heraufkommen, der ein Pferd am Zügel führte. Er hatte die Sonne im Rücken und war zuerst nur schemenhaft zu erkennen. Gisel hob die Hand an die Augen und beobachtete ihn. Mit jedem Schritt schwang der mannshohe Wanderstab des Fremden ein Stück nach vorne. Die Körbe auf dem vollbepackten Tier schwankten behäbig. Ein Händler! Wie gut sich das traf!

Als der Händler auf den Rundweg einbog, lief sie ihm entgegen. Er hatte ein rundes, pausbäckiges Gesicht. Auf der Stirn standen ihm Schweißperlen. Kein Wunder, war es doch heute ein sehr heißer Tag, und die Sonne stand schon hoch am Himmel.

„Grüß Gott!“, rief Gisel außer Atem. „Schön, dass Ihr zu uns gefunden habt! Seid Ihr aus Röhrnbach gekommen?“

Der Händler tippte an seinen grünen Hut. „Jawohl, schöne Frau, da komme ich her. Ich versorge die umliegenden Dörfer mit meinen Waren.“

Gisel reckte den Kopf vor. „Was habt ihr denn dabei?“, fragte sie neugierig.

„Alles, was das Frauenherz begehrt! Seht selbst!“ Der Händler führte sein Tier zum Platz in der Mitte der Siedlung, wo schon spärliches Gras wuchs. Er breitete eine Decke aus und packte die Waren aus den Körben.

„Einen Ballen Stoff für ein neues Kleid, eine Schürze oder eine Haube. Ein Tischtuch. Messer und Löffel. Tönerne Kerzenständer. Talglichter. Feuerstein, Feuerschläger und Zunder zum Feuermachen.“

Mittlerweile kamen auch die anderen Frauen angelaufen. Die hochgewachsene, immer etwas säuerlich dreinblickende Agnes griff nach dem Stoff und befühlte ihn kritisch. Katharina nahm das Besteck und drehte es hin und her. Ihr Gesicht wirkte trotz der Sonne noch immer blass, nur ihre Wangen waren gerötet. Die unscheinbare Maria, Hartmuts Frau, biss sich auf die Unterlippe, während sie sich erst einmal die ausgestellte Ware besah.

Gisel aber beobachtete jede Bewegung des Händlers. „Habt Ihr denn keine Kräuter?“, fragte sie enttäuscht.

Der nickte sofort überschwänglich. „Doch, doch! Natürlich habe ich auch Kräuter!“ Er eilte zu einem Korb und kramte geschäftig darin herum. Geduldig stand der Gaul da, kaute am Gras und ließ es sich gefallen, dass der Händler an seiner Last zog und ruckelte. „Ich hatte doch ... ja, wo sind denn ... ah, hier!“ Er zog ein Tontöpfchen nach dem anderen heraus. „Wermut, Eisenkraut, Salbei, ...“

Der Händler öffnete die Deckel der Gefäßchen, sodass Gisel den Inhalt sehen und daran schnuppern konnte. Die Heilpflanzen waren pulverisiert, aber sie rochen noch intensiv. Sie musste zum Lokator! Wenigstens ein paar davon musste sie haben. In ihrem Kräutergarten würde sie ja erst im nächsten Jahr wieder ernten können! Die Ware des Händlers würde ihr helfen, die Zeit zu überbrücken.

„Ich muss schnell ...“

Da wurde Gisel von einer ruhigen, tiefen Stimme unterbrochen. „Und, ist etwas dabei, was du brauchen kannst?“

Gisel zuckte zusammen. Sie drehte sich um und sah direkt in die braunen Augen des Lokators. Ihr Gesicht hellte sich auf. „Ja, den Hirschzungenfarn benötige ich dringend. Und Akelei. Und Bärwurz."

„Ich habe hier auch noch eine Flasche Wein und ein Töpfchen voll Honig. Wenn Ihr sie einzusetzen wisst, dann wird euch beides hilfreich sein", sagte der Händler.

Gisel sah den Lokator flehend an.

Der wandte sich an den Händler. „Wir nehmen alle Heilkräuter. Und den Wein. Und den Honig."

Der Händler musterte den Lokator verdutzt. Das hatte er wohl nicht erwartet. Genauso wenig wie Gisel, die dem Lokator am liebsten um den Hals gefallen wäre. Zumindest ein breites Grinsen konnte sie nicht verbergen.

Der Händler rechnete laut. „Also die Flasche Wein macht zehn Pfennig, der Honig fünf, die Kräuter gebe ich dir für … sagen wir mal, alles zusammen macht 150 Pfennig."

„150 Pfennig! Das ist sehr viel Geld!", jammerte Gisel, und ihre Hoffnung schwand mit einem Schlag wieder. Würde Elias so eine horrende Summe tatsächlich bezahlen? Für Kräuter, die in ihrem Garten umsonst gewachsen waren? In seinen Augen musste das doch hinausgeworfenes Geld sein!

Die anderen Frauen hielten in ihrem Tun inne. Neugierig kamen sie näher, um das Gespräch zu verfolgen.

Der Lokator lächelte jedoch. „Wir brauchen die Kräuter, damit wir alle Siedler versorgen können! Und dein Kräutergarten wurde doch zerstört!" Er bezahlte den Händler, während Gisel die Tontöpfchen vorsichtig in einen großen Henkelkorb packte, den sie selbst aus Weidenruten geflochten hatte. Zwei davon, die nicht mehr hineinpassten, hob der Lokator vorsichtig vom Boden auf und trug sie mit Gisel zum Haus.

„So viel Geld gibt er für die aus! Die Giftmischerin! Hat den Lokator verzaubert!", hörte Gisel Agnes hinter ihrem Rücken zischen.

Gisel schluckte. Ihre Mundwinkel zuckten nach unten. Wie gemein! Dechantinnen gab es offensichtlich überall!

Früh am Morgen trafen sich die Männer am Haus des Lokators. Gemeinsam gingen sie den Weg Richtung Wolfstein entlang. Sie schwenkten Sensen, Hacken und Sägen in ihren Händen, hatten die Wasserschläuche geschultert und ein wenig Proviant in einen Beutel am Gürtel eingepackt. Wo das Dorf aufhörte und die ersten Ahornbäume und Buchen des Waldes gerade in die Höhe wuchsen, machten sie Halt. Im Frühling hatten sie den Wald gerodet und mit dem gewonnenen Holz die Hütten aufgebaut. Jetzt würden sie die Fläche für die Felder freilegen, die noch im September bestellt werden sollten.

Zuerst schlugen die Männer mit Knüppeln gegen die Bäume, um mit dem Lärm die Tiere im undurchdringlichen Unterholz aufzuschrecken und davonzujagen.

Dann rief Elias die Männer wieder zusammen. „Wir müssen das Unterholz herausschneiden, bevor wir an die großen Bäume kommen. Wenn sie gefällt sind, nehmen wir uns das Wurzelwerk vor. Ich habe gestern zusammen mit Curt das Areal eingegrenzt. Dort machen wir uns zuerst zu schaffen." Noch einmal überprüfte er die Arbeitsgeräte der Siedler darauf hin, ob die Stiele der Beile und Äxte noch gut am Kopf saßen und ob sich noch alle Zähne an den Sägeblättern befanden.

Lorenz packte eine Sense und machte sich daran, den Wald vom Bodenbewuchs zu befreien. Er drehte den Körper und zog durch, sodass er mit einem Ratsch die Blätter der Farne und die jungen Baumtriebe abrasierte. Lorenz blickte sich um. Der Boden war dicht bewachsen mit Heidelbeeren und anderen Stauden. Den Rest taten Baumstümpfe und das tote Holz umgefallener Bäume. Etwas abseits, zu seiner Linken, bahnte sich Jakob den Weg durch das Gestrüpp, zu seiner Rechten Hartmut. Es war eine kraftraubende Arbeit. Die Triebe waren zäh und widerstandsfähig. Oft musste Lorenz sein Messer einsetzen, um einer jungen Gerte oder einem vertrockneten Heidelbeerstrauch beizukommen. Die Lederhandschuhe rieben an den Händen, so dass diese schnell schwielig wurden, auch wenn der Lokator den Männern gute Ausrüstung hatte zukommen lassen.

Lorenz stützte sich auf seine Sense, um kurz zu verschnaufen. Plötzlich ging alles Schlag auf Schlag. Ein markerschütterndes Quieken kam aus dem Gebüsch, an dem Hartmut sich gerade zu schaffen machte. Er schrie auf. Er ließ die Säge fallen und drehte sich um, um davonzulaufen. Ein massiver Keiler mit braunen, zottigen Borsten sprang aus dem Gebüsch. Er neigte seinen Kopf und stieß mit den Hauern nach Hartmut, traf aber nicht. Hartmut lief ein paar Schritte. Sein Stiefel verfing sich im Wurzelwerk. Er fiel zu Boden. Er wollte sich aufrappeln, schon war der Keiler wieder über ihm.

Erst jetzt begriff Lorenz. Er rannte los, ohne nachzudenken. Er hielt sein Messer fest mit den Fingern umklammert. Keinen Gedanken verschwendete er daran, dass die Waffe gegen ein solches Wildschwein völlig unzureichend war. Der Keiler bohrte seine Hauer in Hartmuts Oberschenkel, sein Kopf ruckte wild hin und her. Hartmut schrie und trat mit dem Fuß gegen das Tier. Er versuchte verzweifelt davonzurobben. Da erreichte Lorenz den Keiler. Er stieß dem Tier sein Messer in den Nacken. Das Wildschwein quiekte gellend auf und warf den Kopf herum. Kurz hielt es inne und schnüffelte. Die Verwundung schien ihm nichts ausgemacht zu haben. Seine kleinen, schwarzen Augen starrten Lorenz an. Die Hauer tropften vor Blut. Im Blutrausch stürzte der Keiler sich im nächsten Moment auf Lorenz.

Der warf sich rechtzeitig zur Seite, drehte sich um und sprang auf die Beine. Das Tier brauchte mehrere Schritte, um die Wucht seines schweren Körpers zu bremsen, dann wandte es sich um und griff erneut an.

Als der Keiler Lorenz fast erreicht hatte, flog etwas durch die Luft und traf das Tier am Kopf. Es quiekte auf, taumelte und brach zusammen. Ein intensiver, widerwärtiger Geruch stieg Lorenz in die Nase. Die braunen Borsten des gedrungenen Körpers hoben und senkten sich. In der Mitte der Stirn steckte eine Axt, die den Schädel gespalten hatte. Blut und weißer Schleim quollen hervor. Der Atem des Keilers wurde flacher und setzte aus. Mit einem Schmatzen öffnete sich das Maul und die Zunge fiel seitlich heraus.

„Das war aber knapp!“ Die Stimme des Lokators klang belegt. Er kam im Laufschritt hinter Lorenz heran, klopfte ihm kurz auf den Rücken und steuerte auf Hartmut zu. Hartmut wälzte sich schreiend auf dem Boden und hielt sich sein Bein. Der Lokator legte beruhigend seine Hand auf Hartmuts Oberkörper und drehte das Bein herum. Der Oberschenkel sah übel aus. Der Beinling war zerfetzt, die Wunde ein Brei aus Fleisch und Muskeln. Das Blut schien nicht versiegen zu wollen.

„Hartmut! Hartmut!“ Der Lokator tätschelte ihm das Gesicht.

Der Angesprochene schien die Worte des Lokators nicht zu hören. Er stöhnte weiter vor Schmerzen.

Jakob hatte die Männer mittlerweile auch erreicht und stellte sich außer Atem zu ihnen. Stephan und Christian kamen von weiter entfernt angelaufen.

Lorenz ergriff den Lokator am Arm. „Meine Frau kann helfen!“

Der nickte, ohne zu zögern. „Pack mit an!“

Zusammen trugen sie Hartmut aus dem Wald. Das war anstrengend, weil ihnen Hartmuts Glieder auf dem unebenen Terrain immer wieder aus den Händen zu gleiten drohten und ihnen die Äste ins Gesicht schlugen. Endlich erreichten sie die Straße und Lorenz′ Haus.

Gisel stand hinter dem Haus am Backofen und lugte durch das Feuerloch. Sie wollte mit der Schaufel die Brotlaibe herausholen, um zu prüfen, ob sie hohl klangen. Da sah sie Lorenz und den Lokator den verwundeten Hartmut herantragen. Der Lokator hatte Hartmut um die Brust gepackt, Lorenz an den Beinen.

Während sie ihnen entgegenlief, rieb sich Gisel die Hände an ihrer Schürze ab. „Um Himmels willen, was ist denn passiert?“

„Ein Keiler hat Hartmut angefallen. Wir brauchen deine Hilfe!“, brachte der Lokator zwischen den Zähnen heraus.

„Oh, du meine Güte!“ Gisel schlug die Hände vors Gesicht.

Hartmut war kreidebleich. Nur die Pockennarben schimmerten rötlich. Seine Augen waren zusammengekniffen. Immerhin war er noch bei Sinnen. Er bewegte lautlos die Lippen.

Gisel eilte voraus ins Haus, durch den Flur in die Stube, hin zum Tisch in der Mitte. Dort räumte sie schnell die Schüssel ab, in der sie eben noch den Brotteig geknetet hatte. Sie ließ sie so auf das Regal krachen, dass das Behältnis fast zerbarst. „Hierher! Hier rüber!"

Die Männer hievten Hartmut auf den Tisch. Zum Glück war er so groß, dass der Verletzte darauf liegen konnte.

„Kannst du was machen?", fragte der Lokator, während er den stöhnenden Hartmut beschwichtigte.

Gisel besah sich das Bein. „Es ist übel zugerichtet. Wenn der Keiler den Knochen getroffen und gar zertrümmert hat, dann könnte es schwierig werden. Ich versuche, was ich kann!"

Der Lokator sah sie mit einer Miene an, die sie nicht deuten konnte. „Danke dir. Dann brauchst du uns hier nicht mehr?"

Gisel schüttelte den Kopf. „Nein, ich schaffe das alleine."

Mit ihren schweren Stiefeln polterten die Männer zur Tür hinaus. Gisel war allein mit Hartmut. Das schweißnasse Haar klebte ihm an den Schläfen. Sein schmales Gesicht wirkte eingefallen, der blutleere Mund bebte. Er stöhnte wieder auf. Gisel fühlte seinen Puls am Hals. Sein Herz raste. Sie musste Hartmut erst etwas zur Beruhigung geben. Sie goss warmen Wein in einen Becher und löste das Pulver vom Hirschzungenfarn darin auf. Langsam flößte sie Hartmut das Getränk ein. Der schluckte reflexartig, doch einige Tropfen liefen ihm rechts und links aus den Mundwinkeln. Der Wein und das Pulver schienen dennoch ihre Wirkung zu haben, denn seine Gesichtszüge entspannten sich allmählich und sein Atem ging ruhiger.

Jetzt wusch Gisel die Wunde mit Wasser aus. Es dauerte etwas, bis sie das Feuer im Herd entfacht und die getrockneten Schafgarbenblätter zerrupft hatte. Dann warf sie diese in das kochende Wasser im Kessel über dem Feuer und vermengte beides zu einer dicken Masse. Aus dem Brei machte sie einen Umschlag, den sie mit einem Tuch um Hartmuts Oberschenkel wickelte, bevor sie ihn fest verband. Sie kniete sich neben Hartmut nieder und sprach für ihn das 'Vaterunser'.

Hartmuts Lider zuckten. Seine Finger bewegten sich. Die Nägel kratzten leise über die Tischplatte. Er schlug die Augen auf. Sofort verzerrten sich seine Gesichtszüge. Er drehte den Kopf und spuckte in Gisels Richtung aus. „Was machst du da, du Giftmischerin? Nimm deine Hände von mir! Wenn du mich verzauberst und ich verrecke, schwöre ich dir, dass ich als Geist wiederkomme und dich auf immer heimsuche!" Er sog den Atem ein und griff sich an die Brust. Sein Wutausbruch hatte ihn offensichtlich angestrengt.

Gisel schrak zurück. Warum fuhr Hartmut sie so an? „Ich will dir doch nur helfen! Du hast eine sehr schwere Verletzung!" Beschwichtigend hob sie die Hände.

Gisels Worte schienen Hartmut nur noch mehr anzustacheln. „Von so einer wie dir brauche ich keine Hilfe! Wo ist meine Frau? Ich will in mein Haus gebracht werden!", zischte er, die Augen schmal, sein Kopf hochrot.

Gisel stemmte die Hände in die Hüften. „Alleine tragen kann ich dich nicht! Die starken Männer sind alle bei der Waldarbeit!"

Hartmut stieß die Luft aus. Ob vor Schmerz oder vor Wut, da war Gisel sich nicht sicher. „Hol meine Frau! Unter einem Dach mit dir bleibe ich nicht!" Abscheu schwang in seiner Stimme mit.

Gisel versuchte ihn wieder auf den Tisch zu drücken. „Bleib ruhig! Wenn du dich aufregst, machst du alles noch schlimmer!"

Hartmut setzte sich auf. Vor Schmerz verzerrte er sein Gesicht. „Fass mich nicht an! Hol mir etwas, das ich als Krücke benutzen kann!", befahl er scharf und schlug nach ihrer Hand.

Gisel schnellte zurück. Sie war schockiert, dass er sie so anfuhr. Wortlos verließ sie die Stube, um draußen nach einem brauchbaren Stock zu suchen.

Eine ganze Woche zeigte Hartmut sich nicht unter den Siedlern. Während dieser Zeit war Gisel nervös und fahrig und starrte bei jeder Gelegenheit zu seinem Haus hinüber: wenn sie im Kräutergarten arbeitete, Katharina besuchte, oder einfach nur aus dem Fenster starrte. Zu gerne hätte sie ewusst, wie es Hartmut ging. Sie versuchte, etwas aus Lorenz herauszubekommen. Bei der Arbeit bekam er sicherlich etwas von den anderen Männern mit. Doch auch der wusste nicht viel. Als der Pfarrer aus Waldkirchen in sein Haus ging, hielt sie es nicht mehr aus. War der Geistliche da, um Hartmut die letzte Ölung zu geben? Gisel brach der Schweiß aus. Entschlossen schritt sie zu seinem Haus. Sie klopfte an. Das blasse, runde Gesicht von Maria erschien im Türspalt. Sie schüttelte stumm den Kopf, wischte sich die Hände an einem blutigen Tuch ab und verweigerte Gisel den Einlass.

„Du musst mir doch wenigstens ...!" Weiter kam Gisel nicht. Maria schwang die Türe zu und schob von innen den Riegel vor. Gisel stand verdattert draußen und glotzte das Holz an.

Die anderen Dorfbewohner beäugten Gisel vorsichtig aus der Ferne. Stephan mied den Augenkontakt mit ihr, als sie ihn auf der Straße traf, und die Weiber schnitten sie beim Wasserholen. Der Vorwurf der Giftmischerei hing in der Luft, verfolgte sie durch die ganze Siedlung, auch wenn niemand es offen aussprach. Selbst in ihrem Kräutergarten fühlte Gisel sich beklommen, schließlich hatten die Anschuldigungen hier ihren Anfang genommen. Einzig der Lokator kam, bedankte sich bei Gisel und Lorenz und schenkte ihnen ein großes Stück Rauchfleisch. Doch das bedeutete für Gisel nur wenig Trost.

„Die Dorfbewohner reden", sagte sie forsch zu ihm. „Sie nennen mich eine Giftmischerin. Es wäre besser gewesen, wenn Ihr Euch öffentlich hinter mich gestellt hättet."

Lorenz zog Gisel am Arm zurück an seine Seite. „Gisel!", stieß er scharf aus. „Das ist unser Lokator!"

„Ach so, ja." Der Lokator schien zerstreut. „Ich werde das in Ordnung bringen!"

Gisel runzelte die Stirn. Er klang ihr nicht aufrichtig genug. Doch als sie noch einmal Luft holte, um erneut anzusetzen, donnerte Lorenz: „Schluss jetzt!"

Nach einer unendlich langen Woche zeigte Hartmut sich wieder. Gisel fiel ein Stein vom Herzen. Er saß auf einer Bank vor dem Haus in der Sonne, der Bart gestutzt und die Hemdsärmel hochgekrempelt. Das Bein war steif ausgestreckt und bandagiert. Gisel starrte von der Straße aus zu ihm hinüber. Als er ihren Blick bemerkte, spuckte Hartmut aus und drehte den Kopf zur anderen Seite. Aber das machte Gisel nichts. Sie war erleichtert, dass sein Zustand sich gebessert hatte. Er hatte die Verletzung überstanden. Den ganzen Tag lachte sie befreit, tänzelte übermütig beim Rühren im Kochtopf hin und her und blies die Flugsamen von allen Pusteblumen vor dem Haus. Eine schwere Last war von ihr gefallen.

FREIUNG, HERBST 1347

Die Zeit verging. Der Kräutergarten hatte sich wieder erholt. Hundsrose und Wacholder erwiesen sich als robust und waren, nachdem ihnen die Äste abgeschlagen worden waren, wieder angewachsen. Die Schwertlilien ließen sich auch spät im Jahr noch gut versetzen. Minze, Schafgarbe und Kamille schnitt sie sogar schon wieder und hängte sie unter dem Dach zum Trocknen auf. Den Kümmel würde sie erst im nächsten Frühjahr säen. Mit Katharinas Hilfe hatte sie nun auch einen kleinen Gemüsegarten angelegt, in dem sie im nächsten Frühjahr Möhren, Zwiebeln und Rüben anbauen wollte.

Der Lokator hatte Lorenz ein Darlehen bewilligt, für das er in Waldkirchen zwei Kühe kaufte, die zur Feldarbeit eingesetzt werden sollten. Zudem würden sie Lorenz und Gisel mit Milch versorgen. Außerdem kaufte Lorenz eine Egge, einen Pflug und Saatgut. Der Winterroggen musste jetzt ausgesät werden. Er brauchte eine kalte Periode, bevor er im nächsten Frühling gedeihen konnte. Dann würden die Siedler weitere Flächen roden, um noch vor der Roggenernte auf dem zweiten Feld Hafer säen zu können.

Das Geld des Lokators hatte auch noch für ein paar Hühner gereicht. So hatten sie immer frische Eier und gelegentlich Fleisch. In die Schweinezucht wollten sie erst nächstes Jahr einsteigen, für den ersten Winter wären das zu viele Mäuler gewesen, die sie hätten stopfen müssen.

Kaum eine Wolke stand an jenem strahlend schönen Herbsttag am Himmel. Die Sonne brach durch die gelben und orangen Blätter, die nach und nach zu Boden segelten. Das Holz der sechs Häuser und der Gartenzäune in der Siedlung nahm bereits von der Witterung einen gräulichen Farbton an. Es regnete öfter und der Wind war kälter als in Passau. Die umgebenden Wiesen waren voller geworden; Löwenzahn und Gänseblümchen hatten sich darauf ausgebreitet. Seit einigen Tagen blieb es trocken – bestes Wetter zum Pflügen des Feldes. Die Erdschollen waren ausgetrocknet und mit Unkraut bewachsen, dazwischen Granitbrocken und Wurzelwerk im Boden. Zuerst würden Lorenz und Gisel die Steine aufsammeln. Mit der Flachseite der Egge würden sie den Boden einebnen, mit den Zinken auf der anderen Seite die Erde lockern. Und danach mit dem Pflug die

Ackerkrume wenden, um das Saatbeet vorzubereiten. Wenn nötig, mussten manche Arbeitsvorgänge mehrmals ausgeführt werden.

Gisels Aufgabe war es, die beiden Kühe kurz am Strick zu führen. Lorenz würde hinterhergehen und Egge und Pflug bedienen.

Mit der Egge ließ sich gut arbeiten. Lorenz stellte sich darauf, damit die Zinken tiefer in den Boden eindringen konnten. Mehrmals löste sich das Holzgerüst vom Zuggeschirr, sodass Lorenz es immer wieder mühsam daran befestigen musste. Am Ende fehlten ein paar Zinken im Gestell. Bis zum nächsten Einsatz würde er die in seiner Werkstatt leicht ersetzen können.

Gegen Mittag gönnte Lorenz Gisel und den Tieren eine Pause und setzte sich mit ihr an den Feldrand. Die Tiere fraßen das kümmerliche Gras, das dort wuchs. Gisel keuchte vor Schmerz, als sie sich ihre Beine massierte. Die Hände hatten Schwielen und Blasen vom rauen Strick und peinigten sie ebenfalls. Wenigstens blies ein laues Lüftchen angenehm auf ihre Wangen. Für die Jahreszeit war es noch warm. Die Sonne versteckte sich hinter einer dünnen weißen Wolkenschicht.

„Die Arbeit ist ganz schön hart“, unterbrach Gisel das Schweigen.

Lorenz saß da und streckte sein Gesicht mit geschlossenen Augen in die Sonne. Er seufzte.

Gisel wartete, doch Lorenz schwieg. Also sprach sie unvermittelt das Thema an, das sie schon die ganze Zeit während des Pflügens beschäftigt hatte. „Macht es dir was aus? Die Sache mit Hartmut?“

„Was soll mir was ausmachen?“ Er wandte sich fragend Gisel zu.

„Dass er mich als Giftmischerin hinstellt.“

„Ach was. Die Leute reden nun einmal gerne!“ Ungelenk stand Lorenz auf und klopfte sich die Erde aus den Beinlingen. „Komm, lass uns weitermachen.“

Lorenz spannte mit Gisels Hilfe den Pflug ans Zuggeschirr. Die Kühe stampften unruhig auf dem Boden. Die eisernen Verbindungsstücke am Geschirr klirrten. Vielleicht hatten sie nicht genug zu fressen gehabt und waren deswegen fahrig. Oder sie hatten zu viel Kraft und der Übermut hatte sie gepackt? Lorenz ließ die Gerte schnalzen. Sie machten einen Satz und fingen an zu rennen. Gisel hatte die beiden Strickenden, mit denen sie die Tiere führte, einmal um die Hand gewickelt. Sie konnte nicht schnell genug loslassen. Sie fiel hin. Die Kühe zogen sie ein ganzes Stück mit. Staub flog ihr ins Gesicht. Erde drang in ihren Mund, sodass sie die Lippen fest zusammenpressen musste. Sie schlitterte über Erde, Stein und Wurzelwerk. Sie zerrte am Strick. Er wollte nicht vom Handgelenk abgehen. Endlich konnte sie sich davon befreien. Zugleich rollte sie sich zur Seite, um nicht vom Pflug überfahren zu werden.

Die Kühe rannten weiter vorwärts. Es ging leicht bergab. Sie wurden schneller und schneller. Lorenz aber stürzte auf Gisel zu. „Bist du verletzt? Fehlt dir was?“ Er half ihr beim Aufstehen.

Gisel schüttelte den Kopf und spuckte die Erde aus. „Die Kühe!“, rief sie.

Lorenz blieb gelassen. „Mit dem Pflug hinten dran kommen die nicht weit.“ Er machte seinen Trinkschlauch vom Gürtel los und gab ihr etwas Wasser. Sie spülte sich den Mund aus und trank dann einen Schluck. Klitzekleine Steinchen knirschten zwischen ihren Zähnen.

Die Kühe kamen am Waldrand mitsamt dem Pflug zum Stehen. Mühelos konnte Lorenz sie wieder einfangen. Er peitschte sie auf die Spur zurück. Gisel spurtete, den Strick in der Hand, um sie zu überholen. Bahn um Bahn pflügten die beiden jetzt mit den Tieren das Feld um. Stoisch stapfte Gisel voran, setzte einen Schritt vor den anderen. Sie sank dabei tief in die Erde ein und hatte Mühe, das Gleichgewicht zu halten. Hinter ihr schnitt die Schar des Pfluges eine tiefe Furche in den Boden. Am Ende ging Lorenz und lenkte das Gerät mit aller Kraft. Gisel wurde heiser vom Rufen und Antreiben.

Ihr war zum Heulen zumute. Die Sonne stand schon tief, da hatten sie erst die Hälfte des Feldes geschafft. Immer wieder waren die Kühe aus der Bahn gelaufen oder hatten eine Verschnaufpause gebraucht. Oft hatte Lorenz Wurzelwerk oder große Steine ausgraben müssen, an denen der Pflug hängen geblieben war. Lorenz sah auf zum Himmel. Von Westen zog eine schwarze Wolkenfront auf. „Über Nacht wird es regnen. Wenn wir Pech haben, hält der Regen mehrere Tage an. Dann können wir nicht pflügen."

„Aber dann können wir viel weniger ansäen! Und nächstes Jahr gibt es kaum Ernte!", jammerte Gisel und musste husten, weil ihr Hals kratzte.

Lorenz packte entschlossen wieder an und brachte die Tiere auf Spur. „Es hilft nichts, wir müssen heute noch fertig werden. Zumindest einmal müssen wir den ganzen Boden umpflügen."

Gisel musste sich jetzt schon sehr überwinden. Jedes einzelne ihrer Glieder schmerzte. Erde war in ihre Halbschuhe gedrungen und hatte ihr die Füße aufgeschunden. Sie hatte keine Kraft mehr. Alles war ein harter Kampf. Wenn sie im Winter verhungerten, dann war sowieso alles umsonst gewesen.

„Seid ihr noch nicht fertig? Wartet, wir helfen euch!"

Gisel wandte sich um. Jakob und Katharina winkten den beiden vom Feldrand zu. Sie saßen auf einem Pferdegespann und wirkten fröhlich.

Gisel hatte gar nicht bemerkt, dass sie sich genähert hatten, so sehr war sie in ihre Arbeit vertieft gewesen.

Sie pflügte weiter mit Lorenz in ihrer Spur. Jakob und Katharina fingen von der anderen Seite des Feldes an. Die beiden waren ein eingespieltes Gespann, so schnell, wie sie den Pflug voranbrachten und die Tiere in der Bahn hielten. Gerade als der Sonnenball hinter den Bergen verschwand, waren sie mit der Arbeit fertig.

Gisel und Lorenz konnten den Nachbarn nicht genug danken. Das Mindeste war es, ihre Helfer auf Speis und Trank vor ihrem Haus einzuladen. Das Brot hatte Gisel mit Kümmel gebacken, der dem Teig ein würziges Aroma verlieh. Das Bier aber war mit Wasser gestreckt, damit der Vorrat sie durch den Winter brachte. Der Lokator organisierte zwar alle zwei Wochen eine Marktfahrt nach Waldkirchen, doch das Geld war knapp. Jakob und Katharina schien es nichts auszumachen, dass der Tisch karg gedeckt war. Jedenfalls sahen sie ohne Anstalten darüber hinweg.

„Alles, was du uns hinstellst, wird uns köstlich schmecken, wenn es nur mit deinen Kräutern verfeinert ist“, sagte Jakob grinsend.

Katharina schmunzelte dazu.

Jetzt wurde Jakob ernst. „Das Pflügen haben wir geschafft. Jetzt müssen wir mit der Egge die Pflugschollen noch einmal verkleinern und den Boden verdichten. Auf der feinkrümeligen Erde wird das Saatgut gut keimen, und wir brauchen nur abzuwarten.“ Aufmunternd zwinkerte er Gisel zu und lehnte sich mit verschränkten Armen zurück.

Gisel mochte Jakob. Es rührte sie, wie sehr er und seine Frau sich bemühten, Lorenz und sie zu unterstützen. „Ihr helft uns so sehr und wir können euch gar nichts dafür geben!“, sagte sie händeringend.

Katharina aber winkte ab. „Man hilft sich gegenseitig. Wir werden schon noch eure Hilfe brauchen!“

Gisel seufzte. „Es ist gut zu wissen, euch auf unserer Seite zu haben.“

Katharina hob die Augenbrauen und nippte an ihrem Bier. Das Leben im Aigen tat ihr gut. Trotz der heutigen Anstrengung funkelten ihre Augen rege wie nie zuvor. „Hier draußen gibt es keine Seiten. Schließlich geht es ums Überleben.“

Doch, die gab es! Zu tief hatten sich Hartmuts Vorwürfe in Gisels Gedächtnis eingebrannt. Seit sie beim Lokator einen Stein im Brett hatte, trauten sich Agnes und Ingrid allerdings nicht mehr, ihre Gehässigkeit offen zutage treten zu lassen. Vielleicht lag es auch daran, dass Stephan und Christian sich anzügliche Bemerkungen verkniffen hatten, mit denen sie die Wut ihrer Frauen noch mehr angestachelt hätten.

Und Hartmut mit seiner Maria? Immerhin hatte er Gisel offen als Giftmischerin beschimpft. Maria hingegen sagte wenig und hielt sich im Hintergrund. Sie gab sich schüchtern, doch Gisel konnte schwören, dass dem nicht so war. Zu viel Lebhaftigkeit sprühte aus Marias Augen, und manchmal, wenn Hartmut nicht dabei war, wurde sie übermütig und kicherte. Wenn Hartmut hinter seinen vier Wänden seine eigene Frau so behandelte wie Gisel, dann tat ihr die Arme unendlich leid.

„Wir kennen sie ja auch erst seit der Unternehmung. Aber uns gegenüber ist Hartmut immer hilfsbereit und zuvorkommend“, sagte Jakob nur. „Ich denke nicht, dass du dir ernsthafte Sorgen machen musst.“

Katharina zuckte mit den Achseln. „Mit Maria bin ich ein paar Mal zum Waschen zum Fluss gegangen oder hoch nach Solla, Flachs von den Bauern dort holen. Sie redet nicht viel.“

Damit war für sie das Thema beendet.

Gisel wollte die Stimmung nicht trüben. Katharina und Jakob waren so herzlich, da wollte sie ihnen etwas Gutes zurückgeben. Sie überlegte kurz, dann ging sie in die Stube, wo der Speck vom Lokator neben den Brothenken von der Decke baumelte. Sie schnitt ein fingerbreites Stück davon ab und brachte es den Besuchern.

„Seid vorsichtig!“, mahnte Jakob beim Anblick der Delikatesse. Sein Lächeln verschwand aus dem Gesicht. „Ihr müsst euer Essen einteilen und dürft nichts verschwenden! Der Winter wird lang hier oben. Das Frühjahr kommt erst spät. Die Händler machen sich äußerst selten die Mühe, sich durch die Schneemassen bis in unseren hinteren Winkel zu kämpfen. Wenn euch das Essen ausgeht, lebt ihr von der Hand im Mund.“

Lorenz kratzte sich am Kinn. „Wir können doch im Winter Fallen stellen, oder nicht?“

Jakob nickte. „Ich denke schon. Vom Bischof aus dürfen wir zumindest auf die Niederjagd gehen und Rehe, Hasen und Enten erlegen. Hirsche, Bären, Wölfe und Wildschweine sind ausgeschlossen. Das Recht behalten sich der Bischof und Graf Johann vor.“

Katharina hob belehrend den Finger, eine Geste, die nicht zu ihr passen wollte. „Aber nehmt euch im Winter vor den wilden Tieren in Acht! Bären und Wölfe kommen ganz nahe an die Siedlung, um Futter zu suchen. Sie brechen nachts in die Ställe ein und reißen das Vieh. Wenn sie sehr hungrig sind, dann fallen sie sogar tagsüber die Menschen an.“

Gisel sah Lorenz erschrocken an. Wilde Tiere? Oh je! In Passau hatte es höchstens streunende Hunde gegeben. Denen wurde schnell der Garaus gemacht, damit sie niemanden anfielen. Lorenz drückte beruhigend ihre Hand. Sie atmete tief durch.

„Also, wenn sie sehr hungrig sind ..." Katharina wollte wieder ausholen, als Jakob sie in die Seite stieß. Augenblicklich verstummte sie.

Nach Sonnenuntergang wurde es schnell dunkel. Dicke Tropfen fielen aus finsteren Wolken vom Himmel, erst langsam, dann immer schneller. Sie prasselten auf den Tisch vor dem Haus. Gisel zuckte zusammen. Das Feuer, das Lorenz entfacht hatte, brannte allmählich nieder. Die Regentropfen zischten in der Glut. Keiner sagte mehr etwas. Die Stille wurde unangenehm. Weit entfernt heulte ein Wolf. Gisel erschauerte. Um sich abzulenken, erhob sie sich. „Will noch jemand Bier?"

„Nein, nein", antwortete Katharina schnell und zog Jakob am Arm. „Wir müssen ohnehin nach Hause. Es wird schon spät, und es braut sich ein Unwetter zusammen!" Auf ihr Gesicht legte sich wieder der altbekannte Schatten.

Als Lorenz und Gisel bereits zu Bett gegangen waren, pfiff der Sturm um das Haus und der Regen fiel unaufhörlich auf das Dach. Gisel tappte im Nachthemd zur Haustüre, um zu prüfen, ob der Riegel vorgeschoben war. Der Lehmboden war schon abgekühlt und sie fror an den nackten Füßen. Die Talgkerze flackerte und warf tanzende Schatten an die Holzwand, als der Wind durch die Ritzen der Außenwand zog.

Gisel stellte die Lampe auf ein Tischchen neben dem Bett und kroch zu Lorenz unter die Decke. Sie schmiegte sich an seinen warmen Körper. „Ich mag Katharina und Jakob", stellte sie fest.

„Ja, ich mag sie auch. Sie sind uns eine große Hilfe."

Gisel stützte sich auf den Arm und spielte mit einer von Lorenz' Haarsträhnen. Sein Haar war länger geworden und der Schnitt nicht mehr so gewissenhaft. Es gab hier ja keinen Barbier und so musste Gisel ihm regelmäßig die Haare schneiden und den Bart trimmen. Manchmal vergaßen sie es einfach, weil ihr der Kopf vor lauter Arbeit ganz woanders stand.

Sie fragte sich, wie sehr sie sich selbst verändert haben mochte in den Monaten im Aigen. Sie trug ihr Haar schon immer lang. Sie ging allerdings nicht so oft zum Saußbach hinunter, um sich gründlich zu waschen. Doch wenn sie es tat, zog sie sogar ihr Kleid aus und rieb ihre Haut mit Asche ein, bis sie gerötet war. Manchmal juckte die Kopfhaut dann schon, aber zum Glück hatte sie sich bisher noch kein Ungeziefer eingefangen. Ihre Hände hingegen waren ständig aufgerissen und wund: vom Melken der Kühe, vom Scheuern des Bodens, vom Kneten des Brotteigs, vom Jäten des Unkrauts. Selbst das Einschmieren mit Veilchensalbe half da nicht mehr viel.

Trotz alledem war sie ein glücklicherer Mensch geworden. Sie konnte für Lorenz und sich sorgen. Sie fühlte sich mit ihm zutiefst verbunden durch das, was sie schon miteinander erreicht hatten. Immerhin war Lorenz gut zu ihr und schlug sie nicht.

Gisel seufzte. „Ist dir eigentlich bewusst, wie viel wir geschafft haben, seit wir aus Passau fortgegangen sind?"

Lorenz zog sie an sich. „Wir haben unser eigenes Haus und schon ein Feld. Im nächsten Jahr wird dein Kräutergarten so blühen, wie du es dir erträumt hast, wir werden unsere erste Ernte einfahren und ich kann mich als Zimmermann verdingen. Uns wird es prächtig gehen!"

Gisel legte den Kopf auf seine Brust. Sie hörte Lorenz' Herz zu, wie es regelmäßig pochte. „Bist du nun froh, dass du aus Passau fortgegangen bist? Da hättest du das alles nicht gehabt."

„Das Wichtigste ist es, dass ich dich habe." Er gab Gisel einen Kuss auf die Stirn und strich ihr über den Kopf.

„Und wenn der Winter sehr hart wird?"

„Den werden wir gemeinsam überstehen." Er drückte sie an sich.

Eine wohlige Wärme ging von seinem Körper aus. Sie steckte ihre Nase in sein Hemd und sog die Luft ein. Sie mochte seinen Geruch nach frischem Holz.

Fast hatte Gisel Mitleid mit Lorenz, wie er sich danach auf ihr abmühte, keuchend und schwitzend. Er bewegte sich nicht mehr so ungeschickt wie am Anfang, doch so ganz bei der Sache war Gisel nicht. Vielmehr tastete sie nach der halben Münze um ihren Hals, die sie zur Hochzeit vom Priester geschenkt bekommen hatte. Ihre Schicksalsfäden hatten sich bereits fest miteinander verwoben. Auch wenn sie Lorenz noch nicht lieben konnte, wie er es verdiente.

Die Nächte wurden kühler und das Wetter feuchter. An manchen Tagen waren die Grasspitzen schon mit Frost überzogen. Die Blätter der Bäume verfärbten sich golden und ockerfarben und segelten zu Boden. Bis weit in den Vormittag hinein hielten sich dicke Nebelschwaden in den Tälern und verschwanden selbst bei strahlendem Sonnenschein nicht mehr ganz. Wenn Gisel in der Morgendämmerung über den Flur in den Stall ging, um die Kühe zu melken, gefror ihr Atem. Dann zog sie ihren Mantel fester um ihren Körper. Es war Zeit, dass sie sich und Lorenz wärmere Kleidung anfertigte. Zur Bauernarbeit hatte ihr Kleid ohnehin nicht viel getaugt. An Ellenbogen und Knien war es schon verschlissen, und sie hatte es bereits oft flicken müssen. Vom ursprünglichen grünen Stoff war da nicht mehr viel übrig.

Tagsüber erntete Gisel die letzten Kräuter aus ihrem Garten, kochte das wilde Obst ein oder trocknete Pilze. Im Sommer hatten sie viel geschafft. Doch dem Winter blickte sie nervös entgegen. Die Vorbereitungen für die kalte Jahreszeit liefen auf Hochtouren. Wieder und wieder war sie mit Lorenz durchgegangen, was sie benötigten, damit ihnen der Lokator entsprechende Rationen zuteilte. Die würden weder reichlich noch abwechslungsreich ausfallen. Roggen und Hafer müssen sowohl als Viehfutter als auch für Brot und Getreidebrei reichen. Rüben und Kohl würden sie in Kisten auf dem Speicher lagern. Zudem brauchte Gisel Wolle und Stoffe für Kleidung und Ausstattung. Und natürlich Bier, denn das Wasser vom Saußbach konnte schnell ungenießbar werden.

An Erntedank gingen die Siedler wie jeden Sonntag nach Waldkirchen, um Gottesdienst zu feiern. Die Männer trugen die riesige Erntekrone aus gelben Ähren in einer Prozession über den Marktplatz und in die Kirche zu einer feierlichen Messe. Nachher, beim Stammwirt am Rande des Marktplatzes, lernten sie die Siedler der umliegenden Dörfer kennen und sprachen sich gegenseitig Mut für den Winter zu. Bald schon würde eine dicke Schneedecke die Dörfer isolieren und die Wege unpassierbar machen. Man verabredete sich für das nächste Frühjahr und war guter Dinge, dass dann alles gut überstanden sein würde.

Auf dem Rückweg ins Aigen holte Maria sie ein.

„Gisel! Warte einen Moment!“

Gisel blieb stehen und drehte sich um. Maria kam auf sie zugehastet, mit gelupftem Rock und hochrotem Kopf. „Was hast du denn?“

Sie ließen sich ein paar Schritte hinter Lorenz und den anderen zurückfallen, damit sie ungestört waren.

„Du kennst dich doch so gut mit Kräutern aus“, presste Maria atemlos hervor. Sie musste Gisel schon eine Weile hinterhergelaufen sein. „Es ist, weil ...“ Maria spielte mit ihren Fingern. „Ich werde nicht schwanger!“

Gisel musterte Maria. Deren Mund bebte, während sie nervös mit ihren Fingern spielte. Da kullerten ihr auch schon Tränen aus den Augen. „Bitte, Gisel, du musst mir helfen!“

Gisel nahm Maria in die Arme. Dieses arme Geschöpf! Gisel konnte sich vorstellen, wie sehr Hartmut seine Frau unter Druck setzte, damit sie ihm einen Erben gebar. Marias Körper bebte unter ihrem Schluchzen. Die Tränen sickerten durch Gisels Kleid, sodass sie sie auf der Haut spürte.

Sie strich Maria über den Kopf. „Komm morgen vorbei, wenn die Männer zur Waldarbeit gegangen sind. Dann gebe ich dir, was ich habe.“

Maria blickte auf und gab Gisel einen flüchtigen Kuss auf die Wange. „Danke dir! Ich weiß gar nicht, was ich sagen soll!“ Der Anflug eines Lächelns huschte über ihr Gesicht.

Maria eilte davon und Gisel sah ihr hinterher. Sie kaute auf ihrer Unterlippe. Hoffentlich erfuhr Hartmut nicht davon, dass sie seiner Frau half. Im besten Fall würde es ihn versöhnlich stimmen. Im schlimmsten Fall jedoch würde es ihn erst recht gegen Gisel aufbringen. Und was dann geschehen würde, das mochte sich Gisel nicht ausmalen.

Mitte Oktober setzte der erste Schnee ein. Bang blickte Gisel auf die weißen Massen. Der Wind wehte diese unaufhörlich bis zur Unterkante des Fensterrahmens heran. Gisel faltete die Hände wie zum Gebet. Hoffentlich würden ihre Vorräte über den Winter reichen!

FREIUNG, WINTER 1347

Unaufhörlich fiel der Schnee. Die Flocken fielen so dick vom Himmel, dass Gisel gar nicht bis zum Nachbarhaus sehen konnte, in dem Stephan mit Agnes wohnte. Jeden Tag schaufelte Lorenz den Weg zur Rundstraße frei, wenn nötig sogar zwei- oder dreimal. Für ein Stück der Angerstraße, entlang seiner Parzelle, war er ebenfalls zuständig, sodass der freie Zugang zu jedem Haus gewährleistet war. Nach hinten hinaus, zum Wald, gab es fast kein Durchkommen. Im Neuschnee sank Gisel bei jedem Schritt knietief ein.

Es wurde spät hell und früh dunkel. Wenn die graue Nebelsuppe tagsüber auf der Anhöhe der Siedlung hing, gab es nicht viel Abwechslungsreiches zu tun. Noch vor Sonnenaufgang molk Gisel die beiden Kühe, die Lorenz auf dem Markt gekauft hatte. Die Tiere standen schon unruhig im Stall und warteten auf sie. Die Hühner liefen in ihrem Verschlag wild durcheinander und pickten nach den Körnern, die Gisel ihnen hinwarf. Manchmal stritten sie um das Saatgut. Jede Woche mistete Lorenz den Stall aus und warf den Dung zur Seitentüre hinaus auf einen Haufen, der immer größer wurde. Im nächsten Frühjahr war er nützlich auf den Feldern.

Die langen Stunden zwischen Sonnenaufgang und Sonnenuntergang nutzte Gisel dafür, Lorenz' Beinlinge zu stopfen und seine Hemden auszubessern. Dazu war im Sommer kaum Zeit gewesen. Außerdem strickte sie Handschuhe aus ungefärbter Wolle. Dafür benutzte sie die Nadeln, die Lorenz ihr aus Horn geschnitzt hatte. Das würde sie warm halten, wenn sie nach draußen musste. Gisel fror ständig. So saß sie Stunde um Stunde an ihrem Lieblingsplatz am Feuer. Nach den Handschuhen nahm sie ein neues Kleid in Angriff, das sie im Winter besser wärmen sollte.

In der Zwischenzeit reparierte Lorenz das Dach, weil die Schneemassen die Schindeln eindrückten, die durch das ständige Tauen und Frieren morsch wurden. Außerdem suchte er im Wald nach Holz, aus dem er kleine Möbelstücke baute oder nützliche Dinge wie Besteck und Schüsseln schnitzte. Für den eigenen Bedarf hatten sie längst genug davon. Im Frühjahr würden sie auf den Markt in Waldkirchen gehen und die Ware verkaufen. Vielleicht nahmen auch die anderen Siedler etwas davon ab. Zumindest an Schlitten gab es reges Interesse, aber die waren natürlich nicht so einfach herzustellen und benötigten hochwertigeres Holz.

Gisel beobachtete Lorenz dabei, wie er mit einem Messer Ranken um den Rand einer Holzschüssel herum einkerbte. Ihr gefiel es, mit wie viel Liebe zum Detail er die Ornamente schnitzte. In letzter Zeit sah er traurig aus, doch sein dunkles Haar glänzte wie eh und je, auch wenn es jetzt länger gewachsen war. Auch hier in der Abgeschiedenheit hatte Lorenz es nie versäumt, seinen Bart jeden Morgen akribisch zu stutzen.

Das Essen trug nicht zur Abwechslung bei. Tag für Tag kam das Gleiche auf den Tisch – Haferbrei, Rüben und Kohl mit getrockneten Kräutern, dazu dünnes Bier. Gisel konnte damit leben, solange sie wusste, dass die Vorräte für den Winter ausreichen würden. Im Kloster hatte sie ja auch nie zu viel gehabt. Doch sie hatte die Warnungen von Jakob und Katharina nicht vergessen. Jeden Morgen betete sie zu Gott, dass er den Tag behüten und sie beschützen möge.

In der vorweihnachtlichen Fastenzeit waren Milch und Eier verboten. Deshalb wollte Gisel Christstollen backen, um das, was ihre Kühe und Hühner hergaben, zu verarbeiten. So hatte sie es zumindest im Kloster gelernt. Dann verdarben die Lebensmittel nicht, und zu Weihnachten gab es eine besondere Leckerei.

Eines Tages Anfang Dezember wurde das Wetter milder und es taute. Das nutzte Gisel, um am späten Vormittag nach draußen zu gehen und Nüsse und Eicheln für den Stollen zu suchen. Sie hatte über den Sommer schon viele ergiebige Plätze erforscht und aufgesammelt. Doch wenn sie ein wenig tiefer im Wald unter der dünnen, in der Sonne glitzernden Schneedecke und dem verwelkten Laub wühlte, dann hatte sie wahrscheinlich Glück. Vielleicht hingen sogar noch vereinzelte Nüsse an den kahlen Ästen.

Tatsächlich fand sie wieder Essbares. Sie sammelte ein paar Eicheln und grub Wurzeln aus. Doch allmählich wurden ihr von der Kälte die Finger klamm. Zudem zogen dunkle Wolken am Himmel auf. Gisel entschied sich zur Umkehr.

Als sie zurückkam, stand die Tür weit offen. Auf der Schwelle lagen verstreut ein paar Haferkörner. Eine ganze Bahn zog sich den Flur entlang. Das Muhen der Kühe drang unruhig aus dem Stall.

„Lorenz? Was machst du da?“

Von Lorenz kam keine Antwort.

Gisel packte eine schlimme Ahnung. Sie streifte ihre Umhängetasche ab und warf sie ins Haus, dann hetzte sie zu der Leiter, die auf den Speicher führte. Die Sprossen wackelten und ächzten gefährlich beim Hochklettern. Unter dem Dach musste sie den Kopf einziehen. Die beiden kleinen giebelseitigen Fenster ließen nur wenig Licht einfallen. Der Wind zog durch die Ritzen der Dachschindeln. Es roch nach Hafer und Roggen, die in Säcken von der Decke hingen, damit die Mäuse nicht herankamen. Erst wenn sie es brauchte, würde sie das Getreide in der Handmühle zu Mehl mahlen. An der Seite stapelten sich die Kisten mit Rüben und Kohl.

„Um Gottes willen, da fehlt was!" Gisel starrte auf vier vom Dachbalken herabbaumelnde Seilenden, die sauber durchtrennt worden waren. Die Säcke waren von ihren Befestigungen abgeschnitten worden. Gisel konnte es nicht fassen. Wer hatte das gemacht? Am helllichten Tage! Und wo steckte Lorenz?

Gisel bekam es mit der Angst zu tun. Sie stieg nach unten, hastete in die Stube. Lorenz war da nicht, doch sein Mantel hing am Haken neben der Türe. Weit konnte er nicht sein. Allerdings fehlten die Stiefel neben dem Feuer, wo er sie immer zum Trocknen aufstellte. Sie lief hinüber in den Stall. Die Kühe muhten weiterhin und schlugen nervös mit ihren Schwänzen. Im Verschlag flatterten gackernd die Hühner umher. Auch hier keine Spur von Lorenz. Sie öffnete die Hintertür im Stall und lugte hinaus. Da! Beim Dunghaufen, hinter dem Kräuterbeet lag Lorenz bäuchlings im Matsch des getauten Schnees! Sein Gesicht war zur Seite gedreht, der Mund geöffnet. Das Hemd war vollgesogen mit der braunen Brühe. Am Hinterkopf hatte er eine Platzwunde. Das Blut trocknete schon.

Um Gottes willen! Sie stürzte zu ihm. „Lorenz! Lorenz!"

Er war völlig unterkühlt. Wie lange lag er da schon? Sie rüttelte Lorenz an der Schulter. Er rührte sich nicht.

„Hilfe! Hilfe!", schrie sie laut. Als sich nichts tat, gingen ihre Rufe über in ein Kreischen. Panik stieg in ihr hoch.

Endlich eilten Jakob und der Lokator herbei.

„Um Gottes willen, was ist denn hier passiert?“, fragte der Lokator außer Atem.

Gisel schlug die Hände vors Gesicht. „Ich weiß es nicht! Ich weiß es nicht!“

Die Männer trugen Lorenz in die Stube, zogen die nasse Kleidung aus und legten ihn auf das Bett.

Gisel versorgte die Kopfwunde und machte heiße Umschläge. Dabei zitterte sie am ganzen Leib. „Uns wurden vier Säcke Getreide gestohlen! Mitten am Tag!“, jammerte sie. „Und Lorenz ist verletzt!“ Voller Sorge beugte sie sich über ihn. Er flüsterte zusammenhanglose Worte. Seine Lider zuckten. Gisel hoffte, dass er wenigstens keine Erfrierungen davontrug. Seine Finger waren schon ganz klamm.

„Hast du eine Vermutung, wer das war?“, fragte der Lokator.

Gisel sah sich zu ihm um. Ihr Blick ging ins Leere. Zu aufgewühlt war sie in ihrem Inneren. Sie setzte sich auf einen Stuhl und raufte sich die Haare.

Die Männer brachten Lorenz ins Bett, wo er drei Tage und drei Nächte schlief, nur ab und zu ein paar Schlucke Wasser zu sich nahm und Unverständliches murmelte. Danach schlug er die Augen auf, schlug die Bettdecke zurück und erhob sich. Ein paar Tage später war er schon wieder so weit bei Kräften, dass er bereits ans Arbeiten dachte.

Der Lokator befragte die Dorfbewohner auf Hinweise zum Vorfall. Heraus kam dabei nichts. Keiner wollte etwas gesehen haben. Lorenz selbst konnte sich nicht daran erinnern, was passiert war und wer ihn bewusstlos geschlagen hatte.

Gisel fühlte sich nicht mehr sicher. Jetzt musste sie auch noch fürchten, am helllichten Tage von einem der Dorfbewohner überfallen zu werden! Jeden, den sie traf, beäugte sie kritisch, musterte den Gesichtsausdruck, achtete auf die Gestik. War er der Räuber gewesen? Das Schlimmste an der ganzen Sache war die Ohnmacht, mit der sie dem Drama gegenüberstand. Sie konnte nichts tun. Sie fühlte sich wehrlos. Das trieb sie fast in den Wahnsinn.

Als sie sicher war, dass Lorenz wieder gut zu Fuß war, kletterte Gisel mit ihm auf den Speicher.

„Elf Säcke Getreide. Drei Kisten Rüben. Drei Kisten Kohl“, zählte Lorenz.

„Das ist zu wenig! Viel zu wenig!“ Entsetzt sah Gisel zu Lorenz hoch.

Der legte den Finger an den Mund und überlegte laut. „Der Winter dauert bis zum April. So lange reicht das nicht. Ich muss mehr Fallen aufstellen. Ich kann die anderen fragen, ob sie mir gegen Lebensmittel etwas zu reparieren geben. Die Schlitten jedenfalls sind zu teuer. So viel kann keiner tauschen.“

Seine Worte gaben Gisel Mut. Sie riss sich zusammen. „Wir müssen noch besser haushalten. Ab jetzt gibt es nur noch kleine Rationen. Für uns und das Vieh!“

An Weihnachten ging die Fastenzeit zu Ende. Gisel wollte sich das Fest tags darauf nicht verderben lassen. Lorenz erlegte ein Reh. Die schönsten Stücke davon briet sie über dem offenen Feuer. Jakob und Katharina kamen herüber. Sie brachten Speck, Klöße und getrocknetes Obst mit. Zu trinken gab es dünnes Bier und Schnaps, den Jakob selbst aus Korn gebrannt hatte. Der Alkohol lockerte allen die Zungen. Sie sangen Lieder und erzählten lustige Geschichten. Erst spät am Abend machten sich Jakob und Katharina auf den Weg nach Hause. Die Sterne standen bei der Verabschiedung vor der Haustüre schon hoch am Himmel. Ihre Bäuche waren gefüllt und auch ihre Seelen hatten genügend Nahrung erhalten. So lange Katharina und Jakob den beiden Städtern als Freunde zur Seite standen, konnte nichts so schlimm sein, dass Gisel verzagen musste. In dieser Nacht schlief sie wie ein Stein, glücklich und zufrieden.

Kurz nach Weihnachten, noch im alten Jahr, kam das böse Erwachen. Lorenz und Gisel spürten die Auswirkungen des ständigen Hungers. Nachdem Lorenz den ganzen Tag mit Schreinern verbracht hatte, starrte er abends geistesabwesend ins Leere. Sein Gesicht wirkte eingefallen, seine Augen sahen übergroß aus in ihren Höhlen. Tagsüber beobachtete Gisel, wie er zitterte, wenn er mit dem Hammer auf einen Nagel zielte. Öfter als sonst musste er sich auf einen Schemel setzen.

Gisel dachte immerzu ans Essen. Wenn sie das Getreide, das Mehl oder die Kräuter nur roch, knurrte ihr der Magen. Sofort lief ihr das Wasser im Mund zusammen. Sie machte es sich zur Gewohnheit, auf einer Wurzel oder einem Stück Rinde zu kauen. So konnte sie ihrem Körper vorgaukeln, dass sie etwas aß. Missmutig schluckte sie zu Abend das fade Brot, das sie jetzt auch mit Sägespänen buk, mit viel verdünntem Bier hinunter. Nach ein paar Tagen hatte sich ihr Körper auf den Hunger eingestellt. Er verlangte nicht mehr nach Essen. Dafür konnte sie kaum noch die Leiter in den Speicher hochsteigen, ohne dass ihr schwindelig wurde und schwarze Flecken vor ihren Augen hüpften.

„Wir schaffen das!", ermutigte Lorenz sie und strich ihr über das Haar, während sie es abends ausbürstete. Es war stumpf geworden, so wie Lorenz' Augen. Seine Mundwinkel hingen noch weiter nach unten und der Tonfall wollte nicht zu seinen Worten passen.

Gisel konnte selbst nicht sehen, was der Hunger aus ihr machte, sie hatte ja keinen Spiegel. Lorenz sagte, sie sei schön wie immer. Doch wenn sie über ihre Wangen fuhr, spürte sie die Knochen hervorstehen. Auch die Rippen traten deutlich hervor. Aber noch hatte sie Kraft in Armen und Beinen. Und was waren schon drei verbleibende Wintermonate?

Eines Tages – Lorenz war im Wald, um nach den Falle zu sehen, und Gisel verstrickt die Wolle – hörte sie Geräusche und sah auf. Wie viel Zeit war vergangen? Sie hatte das Feuer geschürt, Schnee geschmolzen und die Suppe aufgesetzt. Da musste Lorenz doch bald zurückkommen. Draußen vernahm sie Pferdegewieher und das Donnern von Hufen. Das mochte der Lokator mit Curt sein oder eine Gruppe Reisender, die trotz der unwirtlichen Jahreszeit vorbeizog.

Doch da erschreckte sie ein langgezogenes Kreischen, schrill und hoch – das einer Frau.

„Überfall! Überfall!"

Männerstimmen brüllten heiser unverständliche Worte.

Gisel sprang auf. Ohne zu überlegen rannte sie nach draußen. Hinter dem Haus von Stephan und Ingrid kam ein Reiter auf einem tänzelnden Schimmel hervor. Der Mann trug einen Spitzhelm, einen Pelz über dem Kettenhemd und gestreifte Beinlinge.

Gisel lief dem Reiter entgegen. „Herr Elias, was ist denn ..."

Da zog der Reiter sein Schwert.

Wie angewurzelt blieb Gisel stehen, Augen und Mund weit aufgerissen. Der Angreifer stieß einen dunklen Schrei aus. Er gab dem Pferd die Sporen, wodurch es einen Satz vorwärts machte und dann beschleunigte. Mit verzerrtem Gesicht galoppierte er auf Gisel zu, dass der Boden vibrierte. Erst als er fast bei ihr angekommen war und mit der Klinge ausholte, erwachte sie aus der Erstarrung und warf sich zur Seite. Der Reiter hieb ins Leere und schoss an ihr vorbei. Gisel rappelte sich hoch und stolperte zum Haus.

Dort angekommen, drückte sie sich an die Wand, schwer atmend. Sie wagte es, durch eine Ritze im Fensterladen zu spähen.

Der Reiter hatte sich nicht die Mühe gemacht, sie zu verfolgen. Er hatte ein neues Opfer gefunden: Katharina! Die Haube flog ihr vom Kopf. Die braunen Haare flatterten beim Laufen. Entsetzt keuchte Gisel auf. Katharina bewegte sich mit gerafften Röcken hinter dem Haus in Richtung Wald. Im kniehohen Schnee kam sie nur langsam vorwärts. Ihr Gang wirkte hüpfend. Sie fiel vornüber, rappelte sich hoch, torkelte weiter. Da kam Jakob aus dem Haus geschossen und rannte dem Reiter entgegen, der über den Anger preschte. Doch der Reiter war viel schneller bei ihm, als Jakob etwas hätte ausrichten können. Ein Schwerthieb streifte ihn an der Schulter. Jakob taumelte, und bevor er sich wieder gefangen hatte, war der Reiter weiter geradeaus zu Katharina galoppiert.

„Nein!", brüllte Jakob und kämpfte sich durch den Schnee. Sein rechter Arm hing schlaff nach unten. Er kam kaum vorwärts, schrie vor Wut und Ohnmacht. Der Reiter hatte Katharina erreicht. Doch anstatt mit der Schwertschneide nach Katharina zu schlagen, beugte er sich tief aus dem Sattel herunter und hieb mit dem Knauf in ihren Nacken. Sie fiel bäuchlings vornüber in den Schnee und blieb reglos liegen.

Alles hatte nur wenige Augenblicke gedauert. Schon stoben weitere Reiter von der Straße aus Richtung Wolfstein heran über den Anger und zwischen den Häusern der Ansiedlung hindurch. Sie stießen furchteinflößende Schreie aus und heulten.

Alles ging Schlag auf Schlag. Elias und Curt galoppierten hinter dem Haus des Lokators auf der anderen Seite der Hauptstraße hervor. Der Schnee wirbelte zwischen den Pferden auf. Ihre Hufe ließen die Erde erzittern. Die Schwerter der beiden Männer blitzten in der Wintersonne. Die Angreifer aber rissen ihre Pferde herum, sodass sie scheuten und aufstiegen. Gisel konnte die verzerrten Gesichter der Slawen sehen und ihre heiseren Rufe hören.

Gisel zitterte am ganzen Körper. Es würde wenige Augenblicke dauern, bevor die Männer zusammenprallen und sich niedermetzeln würden. Dem Blutbad wollte und konnte sie nicht zusehen. Sie musste Schutz suchen! Wie ein gehetztes Tier blickte sie sich um. Der Wald war zu weit entfernt, um ihn erreichen zu können. Also lief sie ins Haus, auch wenn es ihr ebenso gut zur Falle werden konnte. Sie brauchte ein gutes Versteck. Aber wo? Beim Vieh oder bei den Vorräten würden die Räuber als Erstes suchen. Das einzige Versteck, das infrage kam, war unter dem Bett. Dort würden sie wahrscheinlich nicht nachschauen.

Sie kroch unter die Schlafstatt und platzierte sich so, dass sie die Stube gut überblicken konnte, von einer stehenden Person dort unten im Schatten aber nicht so einfach gesehen werden konnte. Wenn es nötig war, würde sie sofort reagieren. Ihre Augen richtete sie auf die Türe. Sie zitterte vor Anspannung und lauschte den Geräuschen draußen. Hufe dröhnten, Schreie gellten, Schwerter klirrten. Dann wurde es plötzlich still. War Lorenz irgendwo da draußen? Und Katharina, ihre einzige Freundin? Lebte sie noch? Gisel ertrug die Anspannung kaum.

Plötzlich hörte sie Hufgetrappel und Schritte direkt vor dem Haus. Gisel ballte die Fäuste, bereit, ihr Leben zu verteidigen. Männer riefen sich heiser etwas in einer rauen, fremden Sprache zu.

Jetzt wusste sie es sicher: Das waren Slawen! Gisel verlor den Mut. Slawen hatten den Ruf, besonders grausam zu sein und keine Gnade zu kennen. Sie hielt den Atem an. Unkontrolliert zitterten ihre Glieder.

Krachend flog die Tür auf und die Räuber stürmten in die Stube. Es waren zwei. Finstere, hünenhafte Gestalten, Felle auf den Schultern, die Haare zu Pferdeschwänzen gebunden. Einer war blond und strotzte vor Jugend. Der andere hatte rotes Haar und einen Vollbart. Aus ihrem Versteck unter dem Bett konnte Gisel sie deutlich erkennen.

Die Eindringlinge sahen sich kurz um. Dann verließen sie die Stube und polterten durch die Hütte. Sie fanden das Vieh. Die Hühner gackerten erbärmlich wie im Todeskampf. Drehten die Rohlinge ihnen gerade die Hälse um? Tatsächlich, ein Huhn rannte kopflos in die Stube hinein. Das Blut spritzte ihm aus dem Hals. Der rothaarige Slawe rannte ihm hinterher, zwei weitere tote Hühner unter dem Arm. Er fing das Tier ein und war mit wenigen polternden Schritten wieder zur Tür hinaus.

Dann ein dumpfer Knall. Noch einer. Noch einer. Was war das? Stampfen von Schritten auf dem Flur unter einer schweren Last. Ächzen. Abgehackte slawische Worte.

Ein letztes Mal kamen die Männer in die Stube, brachen sich jeder ein Stück vom Brot ab, das in einer Schüssel auf dem Tisch stand, und stopften es sich in den Mund. Gisel spürte ein Kitzeln in der Nase. Sie hielt ihren Atem flach, damit er sie nicht verriet. Doch das Kribbeln wurde immer schlimmer. Jetzt nur nicht niesen! Vorsichtig bewegte sie die Hand und presste mit einem Finger gegen die Nase. Sie hielt die Luft an. Die Männer würden sie entdecken, und dann wäre alles vorbei!

„Hatschi!", platzte es aus ihr heraus.

Der Blonde hielt inne, sah herüber, kniff die Augen zusammen. Bedächtig näherte er sich, den Blick auf das Bett gerichtet, die Hand am Schwertknauf. Er beugte sich nach unten, sah Gisel direkt ins Gesicht. Die Augen waren leuchtend blau. Über seine rechte Wange verlief eine lange, wulstige Narbe wie von einem Schwertstreich.

„Jdeme!" Der andere trat zur Türschwelle und winkte seinen Kumpanen zu.

Der Mann vor Gisel streckte seinen Arm nach ihr aus, doch Gisel schob sich ganz nach hinten an die Wand.

„Du hübsch!" Er grinste.

In ihren Ohren pfiff es.

Der Mann vor ihr richtete sich auf. Jetzt konnte Gisel nicht mehr sehen, was er tat. Er drehte sich um. Etwas klirrte, dann folgte der Slawe dem anderen mit schweren Schritten zur Tür hinaus.

Vor dem Haus quiekte ein Schwein so erbärmlich, dass das Geräusch Gisel durch Mark und Bein ging.

Auch als es draußen wieder ganz still geworden war, verharrte Gisel unter dem Bett, schlapp und ausgelaugt. Noch immer zitterte sie leicht. Sie legte ihren Kopf auf die Hände und atmete tief. Die Räuber waren weg. Sie war mit dem Leben davongekommen.

„Gisel! Gisel!“

Gisel horchte auf. Das war Lorenz!

Er stürzte in die Hütte, zog Gisel unter dem Bett heraus, umklammerte sie.

Sie sog seinen Geruch nach frischem Holz ein und grub ihre Finger in seinen Mantel, der sich feucht und eiskalt anfühlte.

Gisel steckte den Kopf vorsichtig zur Haustüre hinaus und vergewisserte sich, dass niemand mehr in der Nähe war. Mehrmals blickte sie zur einen und zur anderen Seite. Der Schnee war zertreten und blutgetränkt. Federn und Getreidekörner lagen überall herum. Aus den Kaminen der Häuser qualmte der Rauch. Dahinter funkelte das Weiß bis hin zum Wald. Die Winterlandschaft sah unwirklich friedlich aus.

Endlich fiel die Anspannung von Gisel ab. Sie brach in Tränen aus. Sie hatte so viel Angst gehabt! Was ihr alles hätte passieren können! Und die anderen? Lebten die noch?

Curt tauchte am anderen Ende des Angers auf und kam aus Jakobs Haus auf sie zugelaufen. Sein grauer Mantel flatterte im Wind. Mit jedem Schritt spritzte der Matsch unter seinen hohen Schaftstiefeln in alle Richtungen.

„Gisel, du musst bei den Verwundeten helfen!“, rief er schon von Weitem.

Gisel wartete nicht ab, bis Curt sie erreicht hatte, sondern lief ins Haus und packte ein paar der Kräutertöpfchen, Wein und Essig in eine Tasche. Sie musste sich um ihre Freundin kümmern! Hoffentlich ging es ihr gut!

Draußen wechselte Curt mit Lorenz ein paar Worte. Als Gisel aus dem Haus kam, machte Curt kehrt und winkte ihr zu, ihm zu folgen. Sein Gesicht wirkte abgebrüht und emotionslos, als ginge es nicht um Leben und Tod, sondern um eine Aufgabe, die er erfüllen musste. Und genau das war es wahrscheinlich auch für ihn. Gemeinsam liefen sie über den zertrampelten Schnee des Angers zum Haus von Jakob und Katharina gegenüber.

In der Stube lagen Teller und Becher zerbrochen auf dem Boden. Die Truhe war durchwühlt und einige Kleidungsstücke hingen heraus. Eine Blutspur zog sich von der Tür quer durch den Raum. Katharina lag bewusstlos im Bett an der Hinterwand, dick in eine braune Wolldecke eingewickelt. Schweiß stand ihr auf der Stirn, sie warf ihren Kopf hin und her. Gisels Brust schnürte sich zusammen. Sie fühlte sich elend, die Freundin so zu sehen.

Auf einem Stuhl saß Jakob. Sein sonst so fröhliches Gesicht war kreidebleich und wirkte eingefallen. Hinter Gisel betrat Curt die Hütte.

Gisel besah sich Jakobs Verletzung. Die Wunde hatte aufgehört zu bluten. Doch der Schnitt war lang und tief und hatte die Haut zerfetzt. Im Kloster hätten sie einen Arzt gerufen, um die Wunde zu nähen. Hier mussten Gisels Fähigkeiten ausreichen. Sie säuberte die Verletzung und goss Wein darüber. Sorgfältig verband sie sie mit einem Stofffetzen. Dann gab sie Jakob einen Sud aus Schafgarbe zu trinken.

„Du hast Glück, dass dir der Knochen nicht zertrümmert wurde." Im schlimmsten Fall würde er den Arm nicht mehr bewegen können. Doch das sagte sie ihm nicht.

„Kümmere dich um Katharina!" Jakob sah Gisel flehend an und nickte hinüber zu seiner Frau. „Sie fantasiert schon die ganze Zeit!"

Gisel ging zur Freundin ans Bett. Curt trat zur Seite, damit er nicht im Weg stand.

„Katharina!", sprach Gisel die Freundin an und rüttelte sie an der Schulter.

Katharina stöhnte auf. „Lauf! Lauf! Der Teufel kommt!“ Die Wortfetzen kamen wie ein tiefes Gurgeln aus ihrer Kehle. Doch sie erwachte nicht aus ihrer Bewusstlosigkeit.

Gisel tastete Katharinas Körper ab. Ihre Glieder waren eiskalt, aber sie schien keine inneren Verletzungen davongetragen zu haben. Gisel drehte Katharina auf die Seite und stopfte ein Kissen unter ihre angewinkelten Beine. Dann strich sie die nassen Haarsträhnen zur Seite und rieb ihr ein wenig Essig auf die Schläfen. Schließlich hielt sie der Freundin die Flasche unter die Nase.

„Was ist mit dem Pfarrer?“, fragte Gisel.

Jakob schüttelte den Kopf. „Bei den Schneemassen kommt der doch gar nicht von Waldkirchen bis hierher durch.“

Gisel seufzte schwer. „Dann hilft nur beten!“ Sie kniete vor Katharina nieder, sah das Kruzifix an der Wand über dem Bett an und betete laut ein ‚Gegrüßet seist du Maria‘ für sie. Jakob und Curt stimmten murmelnd mit ein.

Als Gisel mit dem Gebet fertig war, tauschte sie mit Jakob einen Blick. Katharinas Ehemann öffnete den Mund, als wollte er etwas sagen. Dann schloss er ihn aber wieder. Gisel packte die Tontöpfchen in ihre Tasche und setzte sich zu ihm an den Tisch. Sie beobachtete, wie der Brustkorb der Freundin sich hob und senkte. Katharina stöhnte, wimmerte und schlief dann wieder ruhig.

Jakob beugte sich sitzend auf den Boden und streckte den unverletzten Arm aus. Er hob einen Becher auf. Unter Krachen stellte er ihn auf die Tischplatte neben seinen eigenen. Er schenkte Gisel dünnes Bier ein, das sie in einem Zug ausleerte. Während Gisel sich mit der Hand über den Mund fuhr, schenkte er nach.

Er deutete auf eine leere Flasche in der Ecke. „Den Selbstgebrannten haben sie gleich ausgesoffen.“

Dann saßen sie schweigend da und warteten. Draußen herrschte heller Aufruhr. Rufe kamen vom Anger her, ein Pferd wieherte, mehrere Menschen hasteten aufgeregt an Jakobs Haus vorbei.

Lorenz kam herein und blieb in der Tür stehen. Sein Körper hob sich vor dem Licht dunkel ab. „Uns wurden zwei weitere Säcke Getreide und alle Hühner gestohlen", sagte er trocken.

Gisel fuhr sich mit dem Ärmel über die Augen. Sie konnte nichts erwidern.

„Den anderen Siedlern ist es nicht besser ergangen. Der Lokator versucht gerade, die Situation in den Griff zu bekommen", fuhr Lorenz fort. Er presste die Lippen zusammen und sah dabei aus, als müsste er sich sehr beherrschen, damit ihn seine Gefühle nicht übermannten. Er ballte die Fäuste.

„Ist jemand verletzt?"

Lorenz schüttelte den Kopf. „Nein, niemand", murmelte er mehr zu sich selbst. Er wandte sich um. Gebeugt wie ein alter Mann verließ er das Haus.

Es überraschte Gisel, dass die anderen Männer alle unverletzt waren. Der Lokator hatte sich doch mit Curt gegen die Slawen gestellt. Sie waren gute Kämpfer, aber die Slawen waren in der Überzahl gewesen und hatten wild entschlossen ausgesehen. Und Christian, Hartmut und Stephan? Hatten sie sich in ihren Häusern verschanzt und gewartet, bis die Gefahr vorbei war? Das würde sie später in Erfahrung bringen. Jetzt ging es um das Leben ihrer Freundin.

Gisel hörte Lorenz draußen durch den Schnee stapfen. Sie sank im Stuhl zusammen und schluchzte. Schweigend nahm Jakob Gisels Hand und drückte sie. Er selbst sah aus, als wäre er gerade wieder von den Toten auferstanden. Die Abenddämmerung brach herein. Doch Katharina erwachte nicht.

Gisels Kopf wurde schwer. Sie legte ihre Arme auf den Tisch und bettete ihren Kopf darauf. Jakob neben ihr schmatzte im Schlaf. Schließlich fielen auch Gisel die Augen zu und sie nickte ein.

Mitten in der Nacht schrak sie hoch.

„Jakob? Jakob?"

Das war Katharinas Stimme! Sie klang dünn und kraftlos. Im Dunkeln stürzte Gisel hinüber zu ihr, betastete ihr feuchtes Gesicht. „Oh, du meine Güte! Du bist aufgewacht! Wie geht es dir?"

Wegen seiner Verletzung dauerte es ein paar Augenblicke, bis Jakob die Kerze entzündet hatte. Dann stürmte auch er zu seiner Frau.

Katharina war schwach und konnte sich nicht aufstützen. Doch sie lebte. Erleichtert nahm Gisel den Kopf der Freundin in ihre Arme und strich ihr über das Haar. Beide schluchzten. Gisel rannen die Tränen über die Wangen.

Bei Tagesanbruch trommelte der Lokator die Siedler in seinem Haus zusammen. Die Stube war karg eingerichtet. Für Curt und den Lokator gab es je ein notdürftig zusammengezimmertes Bett. Neben jedem stand eine Truhe. Kleidungsstücke waren darauf geworfen, Waffen lehnten daneben an der Wand, Teile einer Rüstung lagen auf dem Boden verstreut. In der Mitte stand ein Tisch mit zwei Stühlen, auf denen die beiden Verwundeten Platz nehmen durften. Die anderen umringten den Lokator und Curt. Die Stimmung war gedrückt. Christian wippte unaufhörlich mit dem Bein. Lorenz schob seine Mütze nach hinten und kratzte sich am Kopf. Die Augen der Frauen waren rot vom Weinen. Hartmut lehnte abseits am Türrahmen. Keiner sprach ein unnötiges Wort.

Curt trug sein Kettenhemd und schien auf alles vorbereitet, auch auf einen weiteren Angriff. „Alle herhören!", rief er, um dem Lokator Aufmerksamkeit zu verschaffen.

Der drehte seinen Helm in der Hand. Er hatte dunkle Ringe unter den Augen. „Gestern mussten wir einen brutalen Angriff auf die Siedlung erleben", erhob er die Stimme. „Jakob und Katharina wurden verletzt und jeder von uns hat sein Hab und Gut verloren. Die Slawen haben unser Getreide, unser Vieh, unser Geld gestohlen. Sie haben mitgenommen, was sie und ihre Pferde tragen konnten. Wir haben den Angriff zum Glück lebend überstanden und keiner ist ernsthaft verletzt. Doch wir müssen uns für die Zukunft besser wappnen."

„Gerade mal das letzte Hemd haben sie uns gelassen!", rief Stephan dazwischen und hob die geballte Faust.

Und Hartmut legte nach: „Die haben uns am Leben gelassen, damit sie uns beim nächsten Angriff wieder melken können wie die Kühe!"

„Selbst wenn wir noch Geld hätten, würde uns jetzt im tiefsten Winter niemand mehr Lebensmittel verkaufen!", warf Katharina ein, und hielt sich gleich darauf schwer atmend den Kopf. Wahrscheinlich hatte sie sich nur mit größter Mühe und auf Jakob gestützt hergeschleppt.

Der Lokator rieb sich die Hände. „Ja, wir müssen uns überlegen, wie wir alle durch den Winter bringen." Es schien ihm keine Lösung einzufallen.

Stephan ließ die Faust in die andere Hand klatschen. „Und wie wir uns das nächste Mal gegen diese Schurken zur Wehr setzen können!"

„Wir sollten Wachen aufstellen!", warf Christian ein.

„Wir bitten den Bischof um Hilfe!" Agnes' Stimme hatte ihren säuerlichen Unterton nicht verloren.

Der Lokator hörte sich die Vorschläge an. Er nickte entschlossen. „Ich reite nachher gleich zum Grafen und bitte um Unterstützung. Unter keinen Umständen dürfen wir den Mut verlieren! Wir müssen bis zum Frühling durchhalten und uns vor dem verteidigen, was bis dahin noch auf uns zukommt!"

Gisel wunderte sich. Sie hatte das Gefühl, dass der Lokator halbherzig sprach. Warum bestimmte er nicht gleich jemanden, der Wache halten sollte? Warum plante er nicht den nächsten Ritt nach Röhrnbach zum Markt? Für Lorenz und sie ging es ums Überleben! Sie mussten sehen, wie sie über den Winter kamen, ohne zu verhungern! Sie sah zu Lorenz hinüber. Auf seinem Gesicht lag schiere Verzweiflung. Wenn er nicht zum Handeln in der Lage war, musste eben sie selbst handeln!

Sie nahm ihren Mut zusammen und trat vor die Gruppe, damit sie alle anschauen konnte. Sie hob die Hände und faltete sie bittend. „Liebe Nachbarn, Lorenz und ich, wir haben nichts mehr. Wir sind ja schon mit nichts gekommen und haben uns beim Lokator hoch verschuldet. Ich will nicht betteln. Aber vielleicht habt ihr ein paar Rüben oder ein paar Schüsseln Hafer übrig. Lorenz stellt seine Zimmermannskünste zur

Verfügung, und ich meine Heilkunst. Bitte unterstützt uns mit ein wenig Nahrung!"

„Ich würde gerne helfen. Aber wir haben doch selber nichts mehr!", warf Maria ein.

Hartmut zog seine Frau am Arm zurück, sodass sie aufschrie. „Die hat mit ihren Kräutern überhaupt erst das ganze Unheil über uns gebracht!", bellte er mit heiserer Stimme. „Wahrscheinlich hat einer ihrer Schadzauber die Slawen in die Siedlung geführt. Der brauchst du nicht zu helfen!"

Die anderen Siedler schwiegen betreten und starrten zu Boden.

Gisel stockte der Atem. Wollte ihnen denn niemand helfen? Sollten sie hier elendig verrecken?

„Die kann ja ihre Kräuter fressen!", wisperte Agnes Ingrid ins Ohr und jeder konnte sie hören.

Gisel schnappte nach Luft und öffnete den Mund, um etwas ebenso Boshaftes zu erwidern.

Da fiel der Lokator ein. „Bei mir müssten am Dach ein paar Schindeln ausgetauscht werden, da kannst du sicher helfen, Lorenz. Und wie du siehst, kann ich noch ein paar Möbel brauchen." Er deutete in den Raum.

Gisel fiel ein Stein vom Herzen. Der Lokator half ihnen in ihrer Not! Den hatte Gott geschickt! Am liebsten wäre sie ihm um den Hals gefallen. Doch das ging natürlich nicht. Lorenz stand ja daneben.

Wieder zu Hause saß Lorenz auf der Bettkante und stierte seine Hände an. Die Talgkerze, die auf dem Tischchen in einem Tongefäß stand, beleuchtete Wände und Decke. Gisel würde die Kerze bald löschen, damit sie nicht unnötig vergeudet wurde.

„Lorenz, so sprich doch mit mir!" Unschlüssig stand sie vor ihm.

Lorenz schwieg und rührte sich nicht.

„Sag mir doch, was hast du denn?" Gisel setzte sich neben ihn und nahm seine Hand.

Da stieß er ihren Arm zur Seite und sprang auf. „Was ich habe? Was ich habe?“ Er raufte sich die Haare. „Sorgen habe ich mir um dich gemacht! Ich komme heim und sehe eine Horde von Wilden, die mein Haus belagern! Und meine Frau? Der kann alles passiert sein. Was meinst du, welche Gedanken mir durch den Kopf gegangen sind? Dass du aufgeschlitzt am Boden liegst oder sich gerade einer dieser Kerle auf dich stürzt. Blut und Wasser habe ich geschwitzt aus Sorge um dich!“

Gisel sah zu ihm hoch, wie er da stand und wild gestikulierte. „Dafür kann ich doch nichts!“ Sie wollte ihn beruhigen und hob beschwichtigend die Hände.

Lorenz schüttelte den Kopf. „Was tun wir hier eigentlich?“ Er ging jetzt im Raum auf und ab. Drei Schritte hin, Kehrtwende, drei Schritte zurück. „Wir gehören nicht hierher! Wir sind hier nicht aufgewachsen wie die anderen Siedler. Wir wissen überhaupt nicht, wie man dieses Land bewirtschaftet!“

„Aber das können wir doch lernen!“

„Unsinn! Wenn wir mit dem Leben bezahlen, dann können wir das nicht mehr lernen!“, fuhr er Gisel an. „Auf der Stelle gehen wir zurück, sobald der Schnee zu tauen anfängt. Ich suche eine Anstellung als Zimmermann.“

So wütend hatte Gisel ihn noch nie gesehen. Er packte ein Holzscheit aus dem Korb und pfefferte es so in die Flammen, dass die Funken auseinanderstoben.

Jetzt sprang auch Gisel auf, stellte sich vor Lorenz, sodass er innehalten musste. Sie blickte unvermittelt in seine geweiteten Augen. „Aber stell dir nur vor, wie schön es hier wird, wenn wir erst einmal Fuß gefasst haben!“

Lorenz sah sie entgeistert an. „Was hast du denn gerade nicht verstanden? Es geht um Leben und Tod!“ Beim letzten Satz betonte er jedes Wort.

Gisel schüttelte heftig den Kopf. „Aber ich will noch nicht aufgeben! Dann sind wir eingepfercht in einer düsteren, stinkenden Stadt, in der man kaum den Himmel sieht. Und ich bin wieder ein Dienstmädchen und werde herumkommandiert! Denn dein Gesellenlohn reicht nicht für uns beide! Nach Passau kann ich auch gar nicht zurück."

Lorenz packte Gisel bei den Schultern. „Du bist meine Frau! Du musst mit mir mitkommen! Das ist allemal besser als zu sterben! Geht das nicht in deinen Kopf?"

„Aber ich ..."

Lorenz wandte sich abrupt von Gisel ab, holte seinen Mantel und seine Mütze und stapfte nach draußen. Hinter sich ließ er die Türe zukrachen.

Gisel starrte lange eine Ritze zwischen zwei Brettern in der Türe an. Dann setzte sie sich auf den Stuhl am Tisch und beobachtete, wie die Talgkerze abbrannte. Ihre Gedanken kreisten wie wild in ihrem Kopf. Ihre Finger zitterten zu sehr, um eine Handarbeit zu beginnen. Es war so viel passiert im letzten Jahr. Sie war aus Passau fortgegangen und hatte sich mit Lorenz ein neues Leben aufgebaut. Es war hart gewesen, mit vielen Entbehrungen und Anfeindungen von den anderen Siedlern. Doch sie hatten auch schöne Seiten erlebt und neue Freunde gefunden. Gisel hatte gehofft, Lorenz würde länger durchhalten. Im Laufe des Winters schienen sich in ihrem Mann aber immer mehr Widerstände aufgebaut zu haben. Sie wusste, er hatte Angst um sie. Und er mochte sie. Da hatte sie doch nichts zu befürchten, oder? Die größte Sorge bereitete ihr der Gedanke, zurück in eine Stadt zu gehen. Jetzt, wo sie erstmals einen Hauch davon erhascht hatte, was Freiheit wirklich bedeuten konnte. Einen unbegrenzten Himmel, Hügelketten, die sich bis an den Horizont zogen. Zu laufen, bis man nicht mehr konnte, nicht nur drei zaghafte Schrittchen, bis die Mauer sich vor einem aufbaute. Selbst zu entscheiden, wann man das Brot backte, die Wäsche wusch. Mit aller Macht musste sie eine Abreise verhindern! Wenn sie den ersten Winter geschafft hatten, dann würden sie genug Zeit haben, ein solides Leben aufzubauen, das die Mühe belohnte. Dass es anstrengend werden würde, hatten sie von Anfang an gewusst. Wie anstrengend, das hatte Gisel allerdings nicht geahnt. Das musste sie sich jetzt eingestehen.

Gisel hatte längst die Kerze gelöscht und war zu Bett gegangen, da stampften schwere Schritte auf dem Flur. Gisel schrak hoch. Sofort schoss ihr das Bild des Slawen durch den Kopf, der sie unter dem Bett entdeckt und angegrinst hatte. Ihr Herz raste.

Lorenz trat ein. Gisel atmete auf. Schon von Weitem stank er nach billigem Fusel. Er trank nur selten. Der Überfall musste ihm stark zugesetzt haben. Wahrscheinlich war er in eine Nachbarsiedlung oder zu Jakob gegangen, um sich zu betrinken.

„Wo warst du?", wollte Gisel wissen. Sie hörte selbst, wie matt ihre Stimme klang.

Lorenz sagte kein Wort. Er legte sich aufs Bett. Sein Atem ging schnell und rasselnd.

Gisel verkniff sich weitere Worte. Lorenz hatte ja recht, auch wenn sie es vor ihm niemals zugeben wollte. Im Kloster war sie schikaniert worden und hatte Hunger gelitten. Doch ums Überleben hatte sie nicht kämpfen müssen. Herrgott, das Gefängnis hier war ganz anders als im Kloster. Hier war es nicht Schwester Elisabeth, hier waren es Slawen, Mäuse, die Nachbarn und der Schnee. War man hier auf Erden denn überhaupt irgendwo frei? Vielleicht, wenn man ein König war. Der hatte alles und konnte machen, was er wollte.

Sie schüttelte heftig den Kopf. Mit einer Armbewegung schob sie die Zweifel beiseite. Nein, sie durfte nicht nur das Schlechte sehen! Zu viel hatte sie in den letzten Monaten erreicht. Ein eigenes Haus, Kühe, einen Kräutergarten! Sie würde dem Hunger und den Slawen ein Schnippchen schlagen. Basta!

Tags darauf hatte Gisel jedoch Mühe aufzustehen, so sehr nagte der Hunger an ihr. Sie hatte tags zuvor außer einer Schüssel Haferbrei nichts gegessen. Auch Lorenz brauchte lange, bis er sich aus dem Bett erhob.

Die beiden saßen am Tisch und starrten wortlos vor sich hin. Lorenz hielt sich den Kopf und schwieg sie an. Er wollte, dass sie mit ihm nach Passau ging. Er sorgte sich um sie. Vielleicht sogar mehr als um sein eigenes Leben. Doch sie wollte nicht aufgeben. Sie wusste nicht, wie sie ihm das begreiflich machen sollte.

Im Korridor hörten sie Schritte. Jemand klopfte an die Türe der Stube, gerade so laut, dass sie es hörten.

„Herein!", rief Gisel, denn Lorenz machte keine Anstalten, den Besuch zu empfangen.

Es war Curt. Er hatte einen prall gefüllten Sack dabei, den er in der Mitte der Stube von den Schultern auf den Lehmboden fallen ließ. Es knallte dumpf. „Hafer. Vom Lokator." Er deutete auf Lorenz. „Du sollst mitkommen. Das Dach reparieren."

Lorenz nickte ergeben und stand auf.

Gisel stürzte zum Sack und öffnete ihn. Mit der Hand fuhr sie hinein und ließ die Getreidekörner durch ihre Finger rieseln. Sie waren gelb und fest und rochen wunderbar! Sie jauchzte und tanzte durch die Stube. Ihr Mann hatte Arbeit beim Lokator. Und sie hatten zu essen! Welch ein gütiger Mann der Lokator doch war! Einen Moment hielt sie inne, legte den Finger an den Mund und überlegte. Wie sie ihm seine Barmherzigkeit wohl danken konnte?

Mehrere Tage ging Lorenz zum Lokator und reparierte das Dach. Jedes Mal brachte er etwas mit zurück. Ein Stück Rauchfleisch, ein Laib Roggenbrot, Eier. Sie bekamen so viel, dass Gisel die Augen übergingen. Jetzt brauchten sie sich keine Sorgen mehr zu machen, bis zum Ende des Winters durchzuhalten! Da konnten noch zehn Slawenangriffe stattfinden. Der Lokator würde sich um sie kümmern. Zudem hatte Graf Johann von Hals zwei Wachmänner geschickt, welche die Siedlung bewachten. In den Abendstunden konnte sie ihre Lampen auf Patrouille leuchten sehen. Auch wenn Gisel nicht mehr gerne allein in den Wald ging, konnte sie sich im Aigen zumindest sicher fühlen.

Trotzdem redete Lorenz kaum ein Wort mit ihr. Noch immer hing in der Luft die Frage, ob er Ernst machen und zurück nach Passau gehen würde. Und was würde dann mit ihr geschehen? Würde er sie zwingen mit ihm zu gehen? Seit ihrem Streit war er jedenfalls ein anderer. Nicht mehr fürsorglich, sondern wortkarg. Bei Tisch schwieg er sie an, und sogar im Bett zeigte er ihr die kalte Schulter. Das verletzte Gisel. Sie brauchte Lorenz, seine Unterstützung. Sie sehnte sich nach der Wärme seiner Umarmung. Stattdessen drehte er sich Nacht für Nacht auf die andere Seite und ließ Gisel allein mit ihren Gedanken. Die altbekannte Einsamkeit machte sich breit. Allmählich fühlte sich ihr Herz an wie ein harter Klumpen, der schwer in ihrer Brust lag und sie nach unten zog.

Eines Tages schickte der Lokator nicht nach Lorenz, sondern nach Gisel.

Curt stand in der Tür und drehte seine Mütze in der Hand. „Sein Pferd lahmt, du sollst danach sehen!“ Er hatte eine ausdruckslose Miene wie immer.

Gewohnheitsmäßig packte Gisel ihre Hausapotheke in die Tasche und eilte sofort los.

Sie lief über den Rundweg zur Hauptstraße, die zur Burg Wolfstein führte. Rechter Hand vom Anger stand dort das Haus des Lokators. Es war eine Holzhütte genau wie die anderen. Aus dem Schornstein stieg Rauch auf. Es hatte jetzt auch einen offenen Vorbau. Darunter standen Sensen, Sägen und Äxte an die Hauswand gelehnt.

Hinter Curt trat sie in das Haus ein.

„Warte hier einen Augenblick. Ich sage Elias, dass du da bist“, sagte Curt und verließ die Stube durch die Tür, die unmittelbar zum Stall führte.

Das gab Gisel Zeit, sich umzusehen. Die Stube sah nun ganz anders aus als noch im Winter. An den Wänden hingen Felle und Pelze, in der Feuerstelle brannten ein paar Holzscheite. Die Rüstungen und Waffen waren sorgfältig auf Ständer drapiert. Auf dem gestampften Boden lag ein großes Bärenfell. Im Kamin knisterte ein Feuer. Lorenz hatte eine Abtrennung eingezogen, die den Raum verkleinerte. Dahinter verbarg sich wohl eine Schlafkammer, denn die Betten fehlten. Das schickte sich ohnehin besser für einen Lokator, der in seinem Haus ja auch Menschen empfangen musste. Auf dem Tisch waren Pergamentblätter mit Skizzen verstreut. Daneben lagen Feder und Tinte.

Neben einer Truhe hing ein Spiegel, so wie im Schlafgemach der Dechantin. Gisel konnte nicht anders als hineinzublicken. Bei ihrem eigenen Anblick wich sie vor Schreck einen Schritt zurück. Ihr neues Wollkleid sah schon wieder schäbig aus, zerschlissen an den Säumen und bereits mit den ersten Flicken ausgebessert. Ihre Haut war blass, ihre Lippen aufgesprungen. Die blauen Augen stachen gespenstisch aus den dunklen Höhlen hervor.

Gisel löste ihre Haube. Das rote Haar fiel wallend über ihre Schultern. Sie drehte ihr Gesicht nach rechts und nach links. Sie erkannte sich nicht mehr wieder. Der Winter hatte sie zu einer anderen Person gemacht.

„Gisel!“

Gisel zuckte zusammen und drehte sich um.

Lächelnd stand der Lokator in der Tür, die zum Stall führte. Wie lange hatte er sie von dort aus beobachtet?

Flink flocht Gisel ihre Haare zu einem Zopf und zog die Haube darüber. „Ich komme!“ Während sie auf den Lokator zutrat, schnürte sie die Bänder zu.

Der winkte sie heran. „Komm mit. Ich sorge mich um Blitz. Er scheint Schmerzen zu haben.“

Im Stall roch es nach frischem Heu und Stroh. Ein Fenster zur Seite hin ließ das Licht herein. Der Schimmel stand in einer hölzernen Abtrennung. An der Wand hing ein Trog aus Granit. Blitz peitschte mit dem Schweif unruhig hin und her. Er schnaubte und drehte den Kopf, als Gisel zu ihm trat.

Der Lokator blieb vor der Box stehen und deutete auf den Schimmel. „Da, das linke Hinterbein!“

Sie kraulte das Pferd hinter den Ohren. Dann untersuchte sie es an der bezeichneten Stelle. Sie strich über das kurze, feste Haar und klopfte mit den Fingerkuppen vorsichtig auf die Flanke, sodass die Muskeln darunter zuckten. Im Kloster hatte sie manchmal mit Schwester Hildegard nach den Pferden geschaut. Dass sie wenig Ahnung von Tieren hatte, wollte sie dem Lokator nicht verraten. Sie wusste aber, dass die Krankheiten von Tieren denen der Menschen ähnelten und dass oft die gleiche Behandlung half.

„Wie alt ist er denn?“, fragte sie, wie sie es bei einem Menschen auch getan hätte.

„Er ist jetzt fünfzehn Jahre alt. Ich habe ihn von meinem Vater zum Ritterschlag bekommen.“ Der Lokator klang traurig. Er strich dem Schimmel liebevoll über den Rücken.

Gisel wusste, dass Pferde noch zehn Jahre älter werden konnten, das Alter war also nicht das Problem. „Und seit wann lahmt er?“

„Er hat sich verletzt, als ich ihn beim Ausritt über einen Baumstamm springen ließ. Danach weigerte er sich, weiterzugehen. Ich habe ihn mit Mühe und viel gutem Zureden hergebracht.“

Ah, dachte Gisel. Es war keine Krankheit, sondern eine Verletzung. „Bei Schmerzen in den Gelenken ist die Salbe des Hilarius Gold wert. Aber dafür brauche ich Zutaten wie Pfirsichblätter und Balsamkraut.“

Der Lokator runzelte die Stirn. „Das werde ich auf die Schnelle auf dem Markt nicht auftreiben können.“

„Ich kann es mit Minzwein probieren. Oder noch besser mit Sellerie-Mischpulver. Außerdem reibe ich sein Gelenk mit Veilchenöl ein. Ihr müsst Blitz ruhig stellen, bis er nicht mehr lahmt und das Bein sich nicht mehr warm anfühlt. Sonst werdet Ihr ihn nie wieder reiten können.“

Der Lokator fasste Gisel an der Schulter und drehte sie zu sich um. „Bitte tu alles, was du kannst. Blitz ist wie ein Teil von mir. Er hat mich die Hälfte meines Lebens begleitet.“

Seine Hand fühlte sich warm an. Gisel hatte Mitleid mit dem Lokator. Sie konnte ihn verstehen, auch wenn sie nie ein Tier besessen hatte. „Ich tue, was ich kann“, versprach sie ihm. „Ich brauche heißes Wasser, um das Pulver aufzulösen.“

„In der Stube gibt es Feuer. Komm mit, ich zeige es dir.“

Gisel rührte das Pflanzenpulver in das Wasser, bis es eine dünne Flüssigkeit ergab.

Der Lokator sah ihr dabei zu. „Deine Kunstfertigkeit ist sehr nützlich. Und du bist wirklich gut darin.“

Gisel lächelte.

Er war um eine Spanne größer als sie. Von oben herab blickte er sie an. Sie konnte seine feinen Wimpern erkennen, die Ebenmäßigkeit seiner hellen Haut.

Der Lokator hob die Hand, um ihre Wange zu streicheln, besann sich aber und ließ sie wieder sinken. „Wie wunderschön du bist! Lorenz kann stolz sein, eine Frau wie dich zu haben."

Gisel starrte den Lokator an. So ein Kompliment hatte sie von ihm nicht erwartet. Sie wusste nicht, wie sie darauf reagieren sollte. Sie war eine verheiratete Frau! Durfte er das überhaupt zu ihr sagen? Doch wenn sie ehrlich war, tat ihr seine Aufmerksamkeit gut. Wann hatte Lorenz sie zuletzt so angesehen? Wann hatte er ihr ein Kompliment gemacht?

Dazu kam, dass sie sich der Ausstrahlung des Lokators nicht erwehren konnte. Die Milde und Willenskraft seiner Augen mit den tief stehenden, eigenwilligen Brauen. Kurz ließ sie sich gehen. Ihre Lippen öffneten sich.

Nein! Das durfte nicht sein! Sie versteifte sich wieder und wandte sich ab. „Ich bin mir nicht sicher, ob Lorenz stolz auf mich ist", nahm sie das Gespräch von vorher wieder auf. „Ihm hat der Winter stark zugesetzt. Er redet kaum noch mit mir. Ich wünschte mir, alles wäre wieder beim Alten, so wie im letzten Sommer."

„Er hat Angst um dich. Das hätte ich auch an seiner Stelle, mitten in der Wildnis", sagte der Lokator.

Sie vermied es, ihm ins Gesicht zu sehen. „Dann meint Ihr auch, ich soll mit ihm zurück nach Passau gehen?"

Der Lokator schüttelte den Kopf. „Das habe ich nicht gesagt. Davon hätte ja ich nichts!" Er lächelte schief.

Gisel zuckte bei seinen letzten Worten zusammen. Starrte ihn verdutzt an. Wieso sagte er das? Wegen der Steuern? Die standen doch noch lange nicht an! „Aber Ihr ..."

„Gisel, ich bin auch nur ein Mann mit Augen im Kopf", unterbrach er sie und beeilte sich, zurück in den Stall zu gehen. „Wenn auch ein Mann mit viel Verantwortung", murmelte er wohl mehr zu sich selbst.

Der Lokator half Gisel dabei, das Pferd zu bandagieren. Er drückte den langen Stofffetzen gegen das Bein des Pferdes, während Gisel es weiter einwickelte. Obwohl sie versuchte, Abstand zu halten, kamen sie sich immer wieder gefährlich nahe. Manchmal berührten sich ihre Hände. Dann zog sie ihre Finger schnell wieder zurück. Auch jetzt konnte sie nicht leugnen, dass sie seine Nähe genoss. Er roch nach Tannennadeln und Moos. In seiner Haltung lag die Würde eines Edelmannes.

„Er sollte ein paar Wochen geschont werden", mahnte Gisel den Lokator.

Er nickte. „Das wird er."

„Dann gehe ich jetzt."

Während Gisel ihren Beutel packte, fühlte sie den Blick des Lokators auf sich ruhen. Herrgott, konnte er sie nicht in Frieden lassen? Sie musste gehen, sofort! Sonst war es um sie geschehen! Hastig warf sie die letzten Utensilien in den Beutel. Ohne ein weiteres Wort floh sie aus dem Haus. Der Bund mit Lorenz war doch heilig!

Mehrere Wochen gingen ins Land, in denen der Lokator Gisel noch ein paar Mal holen ließ, damit sie nach Blitz sah. Das Tier erholte sich gut und nach vier Wochen war sein Gelenk wieder belastbar.

Der Umgang zwischen den beiden wurde vertrauter. Der Lokator ging Gisel zur Hand, holte heißes Wasser oder streichelte Blitz die Nüstern, um ihn ruhig zu halten. Manchmal kamen sie sich zu nahe, dann zuckte Gisel zurück und wandte den Blick ab. Der Lokator lachte verlegen.

„Blitz ist jetzt gesund!", erklärte Gisel schließlich, nachdem sie das Bein abgetastet hatte.

Elias nickte. „Dann gibt es ja gar keinen Grund mehr, dich zu holen."

Im frühen März endlich wurde das Wetter wieder beständiger. Die Sonne wärmte den Boden und es taute. Der Saußbach im Tal schwoll an und riss allerlei Gehölz und Geröll mit sich. Im Wald sprossen sattgelbe Sumpfdotterblumen und zarte Buschwindröschen zwischen Geäst, das noch kein Laub trug. Oben auf der Anhöhe der Siedlung spitzten einzelne Grashalme und Schneeglöckchen unter der Schneedecke über dem Anger hervor. An den Haselnusssträuchern flogen die ersten Bienen und Hummeln von Kätzchen zu Kätzchen.

Allmählich begann sich das Leben wieder draußen abzuspielen. Die Männer machten sich daran, mit Sägen und Äxten das Unterholz im Wald auszuräumen. Noch war der Untergrund gefroren. Sie würden das Wurzelwerk weiterhin nicht herausarbeiten können. Doch die Vorarbeit konnten sie schon jetzt leisten.

An einem schönen Sonnentag, als das Licht in den Schneeresten funkelte, kamen Katharina und Gisel von einem ausgedehnten Spaziergang zurück. Ihr „Beutezug" war erfolgreich gewesen. Ihre Körbe hatten sie mit Kresse, Gänseblümchen sowie jungen Birken- und Brennnesselblättern gefüllt.

Katharina konnte wieder herzlich lachen und der graue Schleier von Schmerz und Sorge war allmählich von ihr abgefallen. Von dem Slawenüberfall hatte sie sich längst erholt. Darüber war Gisel sehr froh. Denn lange Zeit hatte die Freundin melancholisch in ihrer Hütte gesessen, ohne sich zu etwas aufraffen zu können. Das hatte Gisel zusätzlich zu ihren Problemen mit Lorenz zu schaffen gemacht. Jetzt lachte sie mit Katharina und ein schwerer Stein fiel ihr vom Herzen.

Auf dem Anger gab es großes Aufsehen. Agnes, Ingrid und Maria scharten sich dort um zwei Männer mit ihren Pferden. „Händler!", rief Katharina und fasste Gisel an der Hand. Gemeinsam liefen sie hin, die Röcke wehten um ihre Beine.

Gisel lachte ausgelassen wie ein junges Mädchen. Die Händler waren zurückgekehrt! Der Winter war endgültig vorbei, und sie hatten alle überlebt! Was konnte ihnen denn jetzt noch passieren?

TEIL 3

FREIUNG, FRÜHLING 1348

Der Schnee war schon vollständig geschmolzen und die Erde des Kräutergartens hatte sich mit Feuchtigkeit vollgesogen. Die Strahlkraft der Sonne war noch schwach. Dennoch war es ein freundlicher Tag. Nur ein paar Schäfchenwolken trieben am Himmel. Die Siedlung lag friedlich da. Noch quoll Rauch aus den Schornsteinen der Häuser. Das Holz der Häuser war nun von der Witterung so stark nachgedunkelt, dass es fast schmutzig aussah. Auf der Straße liefen ein paar versprengte Hühner herum und pickten im Schotter.

Der Wacholder stand schmal und hoch am Zaun. Gisel besah sich seine Nadeln. Der Busch hatte den Winter gut überstanden. Auch Minze und Schafgarbe würden im Frühling neu austreiben. Bald würde sie mit Katharina auf Streifzüge gehen, um neue Pflänzchen für den Garten zu sammeln. In diesem Jahr wollte sie sich auch um den Gemüsegarten kümmern.

„Grüß dich, Gisel!"

Das Rotkehlchen, das gerade noch auf dem Gatter gesessen und sein Liedchen gezwitschert hatte, flatterte auf. Gisel schrak aus ihren Gedanken. Sie blickte sich um.

Der Lokator saß auf Blitz, einige Schritte vom Zaun entfernt auf der Rundstraße. Er trug seinen Pelz nicht mehr. Seine Schultern wirkten schmaler, auch wenn seine Statur noch immer stattlich war.

„Was sagst du dazu! Endlich scheint die Sonne wieder!" Er lachte herzlich.

„Im Garten gibt es jedenfalls wieder viel zu tun!", antwortete Gisel. Seine Gegenwart verunsicherte sie. Was wollte er? Warum war er hier? Bisher hatte er sie immer rufen lassen, wenn sie sich um Blitz kümmern sollte. Lorenz war in den Wald gegangen, um nach den Fallen zu sehen. Gisel fühlte sich dem Charme des Lokators ausgeliefert.

„So liebevoll wie du ihn pflegst, wird er der schönste und prächtigste Garten im ganzen Dorf!“

„Es ist gut, nach dem langen Winter wieder etwas im Freien machen zu können“, sagte sie nur. Dabei schmeichelte es Gisel, dass er ihre Fähigkeiten erkannte und nicht nur auf ihre Schönheit anspielte.

„Ja, die Winter können hier schon lang sein!“

Blitz tänzelte, bis der Lokator gegenlenken musste.

Gisel stieß einen Seufzer aus. „Da kommt man in die Freiung, und fühlt sich trotzdem die ganze Zeit wie in einem Gefängnis.“

Der Lokator stutzte. „Wie meinst du das? Im Winter kann man eben nicht nach draußen.“

„Ich bin mir vorgekommen wie im Kloster! Da war ich auch immer eingesperrt!“

Der Lokator lachte laut auf. „Wenn ich mich frei fühlen will, dann mache ich einen Ausritt.“

Gisel runzelte die Stirn. „Auf unseren Kühen kann ich nicht ausreiten, die sind zu störrisch.“ Nachdem sie den Satz gesagt hatte, merkte sie selbst, wie plump er klang.

Der Lokator aber nickte, ohne seine Miene zu verziehen. „Und zu langsam. Blitz hat seinen Namen nicht umsonst. Willst du sehen, warum? Ich zeige dir meinen Lieblingsort. Er wird dir gefallen!“

„Wo denn?“, fragte Gisel.

„Den Saußbach hinunter. Es ist eine Wildbachklamm. Sie ist überwältigend!“ Er drückte die Schenkel gegen Blitz, lenkte ihn ein paar Schritte auf Gisel zu und hielt ihr die Hand hin. „Komm, steig auf!“

Eine Wildbachklamm. Die wollte Gisel schon sehen! Sie wusste zwar nicht, wann Lorenz zurückkam. Gisel blickte verstohlen zum Haus von Stephan und Agnes. Niemand schien sie zu beobachten. Mit etwas Glück würde er nichts vom Ausritt mitbekommen.

Sie raffte ihre Röcke zusammen und ergriff die Hand des Lokators. Hinter ihm kletterte sie auf den Rücken des Pferdes.

Blitz galoppierte den Berg hinunter zum Saußbach. Rechter Hand lag Burg Wolfstein, im Rücken das Aigen. Die Hufe trommelten über die Erde, sodass sie fast das Gleichgewicht verlor. Das Rauschen des Gewässers war schon aus der Ferne zu hören. Der Winterroggen auf den Feldern trieb langsam aus, doch noch behielt das dunkle Braun des Ackers an den flacheren Stellen der Berghänge die Oberhand.

Unten am Bach lenkte der Lokator den Hengst auf einen Trampelpfad, der steinig war und übersät mit verdorrten Nadeln. Das Wasser flirrte in der Sonne und strömte schnell durch das schmale Flussbett im Tal. Blühende Weiden standen am Ufer, der Boden war bedeckt mit einer üppigen Krautflora. Die Luft roch frisch und feucht. Zu beiden Seiten erhoben sich Berghänge mit Fichten, Buchen und Ahorn in verschiedenen Grün- und Brauntönen.

Gisel drückte ihren Körper eng an den des Lokators, um nicht vom Pferd zu fallen. So konnte sie die harten Bewegungen ausgleichen. Sein Hemd scheuerte rau auf ihrer Wange, doch das machte ihr nichts. Die Nähe des Lokators gab ihr etwas, was sie lange vermisst hatte. Mittlerweile lechzte sie nach der geringsten menschlichen Berührung. Lorenz hatte schon eine seltsame Art, ihr zu sagen, dass er sich sorgte.

Gisel seufzte und klammerte sich mit beiden Armen an den Hüften des Lokators fest. Sie vergrub ihre Nase in seinem Hemd, um seinen Geruch in sich aufzusaugen.

Als der Pfad zu zerklüftet wurde und die Äste sich immer enger zusammenzogen, stiegen beide ab, um sich den Weg zu Fuß weiter zu bahnen. Der Lokator führte Blitz am Zügel voraus und schlug die Zweige mit dem Schwert zurück, die in den Weg reichten. Ein Haselhuhn schreckte zeternd auf und flatterte davon. Gisel lief im Schatten des Lokators, ließ ihren Blick umherschweifen und nahm die Eindrücke in sich auf.

Das Gelände wurde schroffer. Zur Rechten erhob sich der moosbewachsene Fels, an dessen kahlen Stellen sich Wasserrinnsale den Weg bahnten.

„Hier ist es! Das ist die Stelle." Der Lokator machte halt und drehte sich zu Gisel um. Er sah sie erwartungsvoll an.

„Wie wunderschön!", entfuhr es Gisel.

Vor ihnen türmte sich eine massive Felswand auf und formte einen natürlichen Engpass. Eine Eidechse, die sich gerade gesonnt hatte, flitzte über das nackte Gestein zwischen Farnen und Moosen. Laut tosend suchte sich der Bach seinen Weg. Die Strömung war stark und wo das Wasser über Felsblöcke und Wurzeln schnellte, schäumte es weiß auf.

Wie gewaltig die Natur doch sein konnte! Gisel wollte den Blick nicht vom reißenden Bach abwenden. Sie roch die frische Feuchte, spürte eine kühle Brise im Gesicht. Die wilde Schönheit ergriff alle ihre Sinne. In ihrem Leben hatte sie noch nie so etwas gesehen!

Der Lokator trat hinter sie. „Habe ich dir zu viel versprochen?"

Gisel wandte sich um und lachte ihn überschwänglich an. „Nein, gewiss nicht!"

Da nahm er ihr Gesicht in beide Hände und vergnügte sich an ihrem Staunen. Er beugte sich vor, sodass sein Atem ihre Nase kitzelte. Sacht legte er seine Lippen auf die ihren und küsste sie.

Gisel wehrte sich nicht. Sie konnte nicht mehr gegen seine Anziehungskraft ankämpfen. Ihre Haut kribbelte unter der Berührung seiner Hände.

„Ihr ... Du ...!", hauchte sie, ihre Augen geschlossen, damit sie ihn intensiver spüren konnte. Es fiel ihr schwer, einen klaren Gedanken zu fassen. Ihr Herz raste.

Er schlang seine Arme noch fester um sie. Sie legte ihren Kopf an seine Schulter. So standen sie eine Weile. Dann setzten sie sich auf einen Stein und starrten hinunter in das gurgelnde Wasser.

„Weißt du, dass ich dich vom ersten Augenblick an wunderschön gefunden habe?", fragte Elias, ohne Gisel anzusehen. Er nahm einen Kiesel auf und warf ihn ins Wasser.

„Wirklich?" Gisel spürte, wie die Hitze in ihr aufstieg.

„Aber das alleine ist es nicht. Du bist eine faszinierende Frau. Du weißt, was du willst, und du lässt nicht locker, bis du es bekommst." Bewunderung lag in seiner Stimme.

Gisel wusste nicht, was sie entgegnen sollte. Der Lokator war der mächtigste Mann im Dorf. Und sie eine ehemalige Leibeigene. Er schmeichelte ihr, doch sie blickte vor Verlegenheit zu Boden.

„Man muss schon sehen, wo man bleibt!", sagte sie kurz.

Darauf entstand ein Schweigen. Schließlich wechselte Elias das Thema. „Es gibt eine Sage, die von dieser Stelle am Bach handelt. Willst du sie hören?"

Gisel hob den Kopf. „Ja! Sehr gerne!" Sie liebte Sagen. Dass Elias ein Geschichtenerzähler war, hatte er bisher verheimlicht gehabt. Gebannt sah sie ihn an.

„Ganz in der Nähe lebte einst eine Müllerstochter. Sie hatte blonde Locken und kornblumenblaue Augen und war so bezaubernd, dass sich ihre Schönheit schnell in der ganzen Umgebung herumsprach. Auch eine böse Zauberin erfuhr davon. Voller Neid belegte sie das Mädchen mit einem Bann.

Es wuchs aber der einzige Sohn des Grafen auf Wolfstein auf. Des Öfteren jagte er genau hier, an dieser Stelle, wo sich das Wasser durch die Felsschlucht drängt. Eines Tages geschah es, dass er müde wurde und unter einem Baum einschlief. Im Traum erschien ihm die schöne Müllerstochter.

‚Junger Jägersbursche', sagte sie zu ihm. ‚Bitte erlöse mich! Schon hundert Jahre schlafe ich hier. Komm morgen früh und tue das, was dir gesagt wird. Sonst muss ich hier noch weitere hundert Jahre verzaubert zubringen!'

Das Fräulein verschwand, und der Grafensohn erwachte. Am nächsten Morgen suchte er die besagte Stelle erneut auf. Eine Natter mit einer goldenen Krone auf dem Kopf schlängelte sich auf ihn zu.

‚Küss mich!', wisperte sie.

Der Grafensohn zögerte, doch überwand seine Abscheu und küsste die Natter. Sogleich stand die bildschöne Müllerstochter vor ihm und er machte sie zu seiner Frau.

Sein Vater aber, der Graf von Wolfstein, tobte vor Wut und enterbte den Sohn. Voller Trotz nahm dieser sein Weib und ritt von der Burg. Er wurde ein Raubritter, gefürchtet im ganzen Land. Gar mancher Säumerzug auf dem Böhmerweg fiel ihm zum Opfer. Bei den Überfällen half ihm seine als Landsknecht verkleidete Frau.

Eines Tages fingen Ritter des Bischofs von Passau das Räuberpaar ein. Vom Grafen verlangten sie eine hohe Lösegeld. Der Alte löste ihn aus, verstieß den Sohn aber sogleich. Die Müllerstochter hingegen sollte auf dem Scheiterhaufen verbrennen.

Ein letzter Wunsch wurde dem Sohn gewährt. Der erbat sich seine Frau, setzte sie vor sich auf das Pferd und sprang mit ihr über die Felsen der Burg hinab in den Saußbach. Dort fanden sie ihr klägliches Ende.

Ihre Schreie hört man hier noch heute als zweifaches Echo. In stockfinsterer Nacht aber sieht man sie unter den weißen Irrlichtern. Wenn du eines siehst, dann bitte Gott um das Heil dieser armen Seele!"

Gisel lief ein Schauer über den Rücken. Verstohlen blickte sie sich um. Hier war das geschehen? Genau hier hatten der Grafensohn und seine Frau dieses grausame Ende gefunden? Sie drängte sich eng an Elias. Wie tragisch! Wenn sie eines der Irrlichter sah, würde sie für die arme Seele beten. Doch jetzt würde sie sich immer fürchten, wenn sie allein zum Saußbach musste!

Elias löste sich von Gisel und stand auf. Er blickte auf sie herab und lächelte. „Wir sollten zurückreiten. Nicht dass wir vermisst werden!" Er hielt ihr die Hand hin und zog sie hoch.

Dann ging er einige Schritte den Pfad hinunter, um nach Blitz zu schauen.

Sie machten sich auf den Weg zurück. Die Hufe des Schimmels klapperten auf dem Gestein.

Gisel blickte sich noch einmal um. Da bemerkte sie eine Spalte, die sich tiefschwarz von der Felswand abhob und nach oben hin spitz zulief. Dürre Äste hingen darüber, die noch nicht austrieben. „Da ist eine Höhle!", rief sie.

Elias reagierte nicht.

Gisel blieb stehen und kniff die Augen zusammen. Etwas bewegte sich doch dort! Hinter dem Gebüsch, an der Wand – ein dunkler, großer Schatten. Sie erschauderte. Vielleicht war das der gemarterte Geist der hübschen Müllerstochter! Von Furcht gepackt, wandte sie sich ab, um eiligst Elias einzuholen. Der war schon ein Stück vorausgegangen.

„Ach, nur ein Eichhörnchen oder ein Hase, der mit seinen Ohren einen langen Schatten geworfen hat!", beruhigte Gisel sich. Doch sie mochte es selber kaum glauben.

Wenige Tage nach dem Ausflug schickte Elias seinen Gehilfen Curt in Lorenz' Haus, um Gisel zu holen.

Lorenz saß am Tisch und blickte hoch. „Was will er denn?"

Curt schien verlegen. „Ich denke, es ist wegen Blitz", sagte er knapp.

Gisel stieg die Röte ins Gesicht. „Ich komme schon!" Sie packte routiniert ihre Tasche mit Arzneien und verließ das Haus.

Schweigend liefen die beiden über den Anger. Noch immer sah man die Spuren des Winters. Das Gras wuchs in kargen Büscheln, die Blumen unscheinbar dazwischen. Bienen summten leise.

„Er wartet in der Stube", sagte Curt und hielt Gisel die Türe auf.

„Gehst du nicht mit hinein?"

Curt schüttelte den Kopf. „Ich habe auf dem Feld zu tun." Er presste seine blassen Lippen aufeinander.

Gisel war unbehaglich zumute. Was wusste Curt? So viel war sicher: Mit dem, was er wusste, war er sichtlich nicht einverstanden.

Drinnen saß der Lokator am Tisch. „Gisel!“, rief er aus und schritt ihr mit ausgebreiteten Armen entgegen. Er trug sein rotes Hemd und lederne Beinlinge.

„Du hättest mich nicht herholen dürfen!“, fauchte Gisel. „Was sollte Lorenz denn denken?“

Der Lokator zog sie an sich und küsste sie stürmisch. „Ich musste dich sehen!“

Sie aber wehrte sich und löste sich aus seiner Umarmung. Sie verlangte vom Lokator eine Bestätigung ihres Verdachts. „Weiß Curt Bescheid?“, fragte sie deshalb.

Der Lokator ging nicht darauf ein. Stattdessen drehte er sich um und goss etwas Wein ein. „Hier, trink! Das beruhigt dich!“

Gisel nahm den Kelch entgegen und benetzte mit der Flüssigkeit ihre Lippen. Sie schmeckte herrlich süß. Ihre Augen fielen auf die Rüstung des Lokators. Sie stellte den Kelch ab und ging hinüber. Sie strich mit der Fingerkuppe über die Ringe des Kettenhemdes. Wie kalt sie sich anfühlten! Daneben stand ein rundes Schild auf einem dreibeinigen Gestell mit einem Bären drauf, der die Tatzen nach oben reckte.

Elias kam von hinten an sie heran. „Die Rüstung stammt aus Böhmen. Nur der Schild trägt das Wappen meiner Familie.“

Er umschlang Gisel von hinten, fuhr ihr mit der Hand über die Brust und küsste ihren Hals.

Gisel stöhnte auf. „Ich bin verheiratet!“, presste sie hervor.

„Verzeih mir, ich kann nicht anders!“ Er presste seine Lenden an sie.

„Nein, lass, das geht zu weit!“ Gisel versuchte sich zu wehren, doch Elias festigte seinen Griff. Je mehr sie Widerstand leistete, umso mehr stieg die Begierde in ihr. Hitze. Leidenschaft. Sie erschrak. Mit einem Mal konnte sie diese Worte mit einem Gefühl verbinden! Allein seine Berührung ihrer Brust ließ sie erschaudern.

Elias hob sie hoch, trug sie zum Bärenfell vor dem Feuer und legte sie vorsichtig ab. Er schob ihren Rock hoch. Strich über Stellen, die sie vor Lust aufstöhnen ließen.

Sie ließ ihre Hände unter sein Hemd gleiten, spürte die glatten Muskeln seines Oberkörpers. Da fühlte sie etwas Hartes. Einen Anhänger.

„Was ist das?“, wollte sie wissen.

Elias zog ihn aus dem Kragen hervor. „Das ist Perun, der Donnergott der Slawen.“

Gisel nahm die Figur und drehte sie in ihrer Hand, um sie sich anzuschauen. Sie war bunt bemalt und glänzte golden. Sie trug eine slawische Rüstung.

Elias streifte das Band mit der Figur über den Kopf und legte sie Gisel um den Hals. „Du darfst seinen Namen aber nur im äußersten Notfall benutzen, verstehst du?“

Sie nickte ernsthaft. Nun hing sie neben der Hochzeitsmünze, durchfuhr es sie kurz. Doch da küsste Elias sie schon wieder. Sie wälzten sich auf dem Bärenfell und er liebte sie so innig, wie Lorenz sie noch nie zuvor geliebt hatte.

Sie erlaubte es sich nicht, lange in seinen Armen liegen zu bleiben. Plötzlich plagten sie Schuldgefühle. Du liebe Güte, was hatte sie getan!

Sie richtete sich auf, strich sich ihr Kleid glatt und nahm ihre Haube, die ihr auf dem Bärenfell vom Kopf gerutscht war. Ohne sich umzublicken, rannte sie nach draußen. „Ich muss nach Hause!“

„Grüß dich, Gisel!“

Gisel erschrak zutiefst, als sie in Hartmut rannte. Die Haube, die sie sich im Laufen hatte umbinden wollen, segelte zu Boden. Sie bückte sich, um sie aufzuheben.

Hartmut fuhr mit dem Finger durch Gisels Locken. „Feuerrot. Wie eine Zauberin. Deine Haube ist dir wohl heruntergefallen. Wie unschicklich.“

Gisel rappelte sich hoch und stieß Hartmut zur Seite. „Lass mich in Ruhe!“, zischte sie. Hastig lief sie über den Anger und stopfte sich mit zitternden Fingern die Haare unter die Haube.

Die Landschaft blühte auf. Mit den Buschwindröschen, Knabenkraut, Alpenglöckchen und Gänseblümchen erwachten auch die Siedler wieder zum Leben. Endlich kitzelten Sonnenstrahlen Gisels Haut, war der Wind nicht mehr bitterkalt, sangen die Vögel in den Bäumen. Der Schnee schmolz und der Boden taute auf.

Doch der Schrecken des ersten Winters im Aigen saß tief. Nacht für Nacht fuhr Gisel schweißgebadet aus furchterregenden Albträumen hoch. Sobald es der Boden zuließ, gruben die Siedler Höhlen unter ihren Häusern. Hier konnten sie sich bei einem neuen Angriff verkriechen und einen Teil ihrer Habseligkeiten verstecken. Als die Siedler sich wieder sicherer fühlten, zog Graf Johann von Hals die Wachen wieder ab.

Zu einer weiteren Begegnung mit Elias kam es nicht. In der ersten Zeit nach ihrem Besuch bei ihm hatte sie oft mit Herzklopfen aus dem Fenster geschaut. Da hatte sie ihn dann gelegentlich mit Curt vorbeireiten sehen. Doch er ließ nicht nach ihr schicken. Elias war ein pflichtbewusster Mann. Wahrscheinlich plagten ihn ebenso große Gewissensbisse wie sie. Mittlerweile bezweifelte sie, dass er sie noch begehrte. In den Burgen, zu denen er ritt, gab es schönere und unverheiratete Fräulein. Lorenz jedoch war nach wie vor kalt und abweisend. Und so fühlte sich Gisel noch einsamer als vor dem Ausritt mit dem Lokator.

Wenigstens ließ das Wetter es wieder zu, dass Gisel zum Fluss gehen konnte, um Wäsche waschen. Die Sonne kitzelte ihre Nase und wärmte ihre Glieder.

Als sie an einem dieser Frühlingstage die Wäsche auf die Leine hängte, hielt ihr jemand von hinten die Augen zu. War das Lorenz? Oder etwa gar Elias? Gisel Herz klopfte wie wild gegen ihre Brust. Sie hatte gar nicht bemerkt, dass sich ihr jemand genähert hatte. Die Hände waren klobig und rau. Es waren die ihres Ehemannes.

„Lorenz, bist du das?“, fragte sie unsicher.

„Nein, ich bin nicht Lorenz. Ich bin ein mächtiger Waldschrat, der gerade mit seiner furchteinflößenden Kraft drei große Tannen aus dem Boden gerissen hat!“

Es war unverkennbar Lorenz‘ helle Stimme. Gisel stieß die Luft aus. War sie enttäuscht, dass es nicht Elias war? Sie tat Lorenz den Gefallen und lachte über seinen Scherz.

Lorenz packte sie von hinten und wirbelte sie durch die Luft. Dann kitzelte er sie, dass sie sich nicht mehr halten konnte. Sie ging lachend zu Boden.

„Hör auf, du mächtiger Waldschrat! Ich ergebe mich!“, keuchte Gisel.

Lorenz setzte sich auf sie und drückte ihre Handgelenke auf die Erde. Er beugte sich über ihr Gesicht. Er grinste! Nach all den Wintermonaten, in denen er sich in seinem Schneckenhaus verkrochen hatte, verzog er sein mürrisches Gesicht endlich zu einem Lachen!

„Weißt du, dass du nicht nur wunderschön bist, sondern auch klug?“ Jetzt sah er wieder so spitzbübisch aus wie früher.

„So?“, fragte Gisel vorsichtig. Tagein, tagaus hatte sie gehofft, dass Lorenz sie wieder so ansah, wie er es jetzt tat. Doch dann war das Unglück mit Elias passiert. Seitdem hatte sie nur noch an ihn denken können, an sein weiches Haar, seine feste Brust, seinen Atem an ihrem Ohr. Jetzt spürte sie vor allem Unruhe.

„Der Lokator hat nach dir gefragt!“

„Er hat nach mir gefragt?“ Gisels Unterkiefer fiel nach unten. Ihr lief ein kalter Schauer den Rücken hinunter. Die Lust, das Verlangen, das sie mit Elias erfahren hatte, durchströmte sie noch einmal wie ein Blitz. Und dann eine abgrundtiefe Furcht. War es jetzt so weit? Flog alles auf? Was wusste Lorenz? Würde sie als Ehebrecherin jetzt ihre gerechte Strafe erhalten?

„Ja, er hat deine Heilkünste angepriesen.“ Stolz schwang in Lorenz‘ Stimme mit. Gisel wandte ihr Gesicht ab. Das war eine Posse! Sie versuchte, den Ausrutscher mit Elias zu vertuschen, doch der dachte gar nicht daran, seine Gefühle zu verbergen!

Lorenz aber sprang auf. „Schau mal, was ich heute im Wald für dich gefunden habe!“ Er nahm einen Sack auf und holte etwas daraus hervor. Es war eine Laubholzmistel. Sie galt als Symbolpflanze der Fruchtbarkeit. Ihre länglichen Blätter waren dick, fast ledrig. An den oberen Blattachseln saßen unscheinbare Blüten.

„Vielleicht klappt es ja jetzt bald mit einem Kind für uns!“ Lorenz‘ Augen leuchteten.

Gisel schluckte. Lorenz wünschte sich sehnlichst Nachwuchs. Mehrmals hatte er das erwähnt. Doch das war das Letzte, woran Gisel jetzt denken mochte!

Es freute sie, dass Lorenz endlich wieder zum Leben erwachte. Es war schön, ihn wieder lachen zu sehen. Er strahlte die herzliche Wärme aus, die Gisel so lange vermisst hatte. Doch es gab ihr auch einen Stich ins Herz. Sie konnte die Sache mit Elias nicht verdrängen. Es hätte nie passieren dürfen! Sie war zerrissen. Seit sie Elias nach dem Ausritt in seinem Haus besucht hatte, hatte sie nicht mehr mit ihm gesprochen. Sicherlich, er war ein vielbeschäftigter Mann. Aber Gisel konnte sich des Gefühls nicht erwehren, dass er sie mied. Es hatte keinen Sinn, sich in eine solche Liebschaft zu stürzen, für keinen von beiden. Wo sollte so etwas denn hinführen? Sie war eine verheiratete Frau und er war der Anführer des Dorfes. Sie hatten eine Sünde begangen. Gisel schämte sich in Grund und Boden. Was hatte sie Lorenz nur angetan! Wo sie doch so viel miteinander durchgemacht und gemeinsam aufgebaut hatten!

„Eine schöne Mistel!“, sagte sie jetzt und umarmte Lorenz.

Während sie über seine Schulter schaute, legte sie ihre Stirn in Falten. Elias hielt die Siedler zusammen und sorgte für ihre Sicherheit. Sie würde ihm aus dem Weg gehen müssen. Warum also sprach er so überschwänglich vor Lorenz? Was wollte Elias damit bezwecken?

Gisels Schläfen pochten und ihr Kopf schmerzte. Sie tastete nach dem Band um ihren Hals. Verborgen unter ihrem Wollkleid hing neben der halben Münze der Slawengott Perun. Sie fürchtete nicht, dass Lorenz den Anhänger entdeckte. Sei es, dass er zu sittsam war, sei es aus Ungeschicklichkeit, sie hatte sich vor ihrem Ehemann noch nie ganz entblößt. Unter den Stofflagen von Kleid und Unterkleid war die Figur jedenfalls kaum ertastbar.

Das Jahr nahm einen erfolgversprechenden Verlauf. Aus ihrem Gemüsegarten konnte Gisel bereits Rüben und Rettiche ernten. Bei den Nachbarn schlüpften die ersten Küken, kleine Ferkelchen drängten sich in den Ställen um die Muttersauen und auf den Weiden saugten die braungefleckten Kälbchen am Euter der Mutter. Zum Glück hatten die Slawen nicht alle Tiere mitnehmen können, und so vermehrten die sich wieder prächtig.

Die Dorfbewohner konnten ihre Speicher mit Getreide vom Markt auffüllen und hatten noch das ein oder andere Kleinod zum Tausch übrig, um sich von Lorenz etwas dafür anfertigen zu lassen. Sie hatten sich beim Lokator davon überzeugen können, in welch guter Qualität Lorenz Möbel und Holzutensilien herstellen konnte. Die Nachfrage nach seinen Produkten florierte, wodurch er trotz harter Arbeit kaum mithalten konnte. Jakob kam und gab das hölzerne Gehäuse einer Maschine in Auftrag, die eine größere Menge Stroh zerkleinern konnte.

Stephan verlangte nach einem Leiterwagen. „So einen mit schräg stehenden Sprossen, damit ich das Heu einfahren kann, verstehst Du?“

Trotz des florierenden Geschäftes standen Lorenz und Gisel noch auf wirtschaftlich wackeligen Beinen und so musste er zusätzlich das Feld bestellen und das Haus instand halten.

Je unverzichtbarer Lorenz als Handwerker in der Dorfgemeinschaft wurde, umso mehr wuchs sein Ansehen. Alle grüßten Lorenz und Gisel freundlich, wenn sie am Sonntag von der Messe in Waldkirchen kommend die Straße entlang flanierten. Gisel würde sich bald Stoffe für vornehmere Kleidung besorgen müssen. Die Vorbehalte der Siedler den Städtern gegenüber schienen geschwunden. Das gab Lorenz und Gisel wieder neuen Auftrieb. Nur Hartmut blieb eine Ausnahme. Er presste die Lippen zusammen oder spuckte laut aus, wenn er an ihnen vorbeiging.

Am nächsten Markttag hatte sich Gisel mit Lorenz, Jakob und Katharina frühmorgens gleich nach Sonnenaufgang auf den langen Weg nach Waldkirchen gemacht. Der Nebel hing noch schwer in den Tälern, doch die Nacht war klar gewesen und es versprach ein sonniger Tag zu werden.

Sie marschierten auf den über die Zeit tief eingekerbten Hohlwegen. Links und rechts hatte der Regen die ineinander verflochtenen armdicken Wurzeln freigeschwemmt. Die Baumkronen berührten sich über dem Weg und bildeten ein grünes Dach.

An einer Weggabelung passierten sie einen Wagen, dessen Achse gebrochen war. Der Bauer, ein stämmiger Mann, lag darunter und besah sich den Schaden. Seine beiden Söhne, Halbwüchsige mit schmutzigen Gesichtern und zerzausten Haaren, standen daneben und warteten auf die Befehle des Vaters.

„Können wir helfen?“, fragte Lorenz.

„Das ist nicht das erste Mal, wir kommen zurecht!“, seufzte der Bauer, ohne unter dem Wagen hervorzukriechen.

Für die Marktgänge hatte Lorenz extra einen einachsigen Wagen gebaut, der klein und wendig war. So ließ er sich auf den unebenen Pfaden nach Waldkirchen gut manövrieren. Darauf klapperten Holzschüsseln, Schemel, Löffel und Kruzifixe, die Lorenz im Winter geschnitzt hatte.

Gisel war aufgeregt, denn der Markt war immer ein besonderes Ereignis. Gerne betrachtete sie die Stoffe, Gewürze, Schmuck- und Kleidungsstücke, welche die Händler auf dem Platz in Kisten und auf Tüchern ausgelegt hatten.

Viele Besucher aus dem Umland fanden sich ein. Sie interessierten sich sehr für Lorenz‘ Waren. Und so waren diese schnell verkauft – der Schemel an einen Herren in einem grauen Mantel, der Rechen an einen Bauern mit einer Ziege am Strick, die Holzschüsseln an eine Mutter und ihre drei kleinen Kinder. Schließlich war sein Lederbeutel prall gefüllt mit Münzen.

Gegen Mittag trafen sie Jakob und Katharina, die Talg und ein Fass Bier gekauft hatten, beim Ochsenbrater am Rande des Marktplatzes. Der Koch brutzelte das Fleisch an einem großen Spieß über dem Feuer und schnitt den Gästen Stücke davon ab. Unter einer Eiche waren Tische aufgestellt, von denen das graue Holz schon absplitterte. Dort nahmen die vier auf den Bänken Platz: Gisel neben Lorenz und gegenüber von Katharina und Jakob.

Gisel sah gespannt dem Treiben zu. Obwohl sie es mittlerweile kannte, fand sie es immer wieder aufs Neue aufregend. Da gingen Säumer mit ihren Pferden vorbei, Mütter mit Kindern, Bauern, die sich mit vollen Karren wieder auf den Nachhauseweg machten.

Lorenz nahm einen tiefen Zug aus dem Bierkrug. Als er ihn wieder absetzte, atmete er laut durch den Mund aus. Er lehnte sich zurück und strich sich zufrieden über den Bauch. Er hatte wieder Farbe im Gesicht bekommen, auch wenn seine Haut nun ledrig und wettergegerbt aussah.

Dort wo gerade zwei Gaukler durch die Menschenansammlung schritten, sah sie plötzlich Hartmut. Er rempelte die Passanten unfreundlich an, ohne sich zu entschuldigen. Jetzt stolperte er und hielt sich an einem stämmigen Mann fest, der ihm wütend etwas zurief. Hartmut rappelte sich hoch und ging weiter. Sein Bart war länger als sonst und ungepflegt, die oberen Knöpfe seines Hemdes standen offen, sodass seine flache Brust herausblitzte. Er ging um den Tisch herum, blieb hinter Lorenz stehen und legte eine Hand auf dessen Schulter.

Mit einem überraschten Gesichtsausdruck drehte Lorenz sich zu ihm um. „Hartmut, was willst du?“

„Der Herr Lorenz aus Passau.“ Hartmut hob spöttisch sein Kinn. Er hakte den Daumen unter seinen Gürtel.

Gisel konnte das Bier in seinem Atem riechen. Hartmut war angetrunken.

„Hast dich ja gut gemacht im ersten Jahr. Ziehst uns allen das Geld aus der Tasche mit deinem Ramsch und die anderen sind dumm genug, ihn zu kaufen!“

„Hartmut!“ Jakob sah mit zusammengezogenen Augenbrauen an. „Lorenz hat dir doch auch schon geholfen, hast du das vergessen? Als dich der Keiler angegriffen hat?“

Hartmut verzog das Gesicht. „Von selbst hätte ich die Hilfe von diesem Aufschneider niemals angenommen. Wir Leute vom Wald können uns alleine helfen! Was schlägst du dich auf die Seite von dem da? Wir Waldler müssen zusammenhalten.“ Er starrte Jakob feindlich an.

Langsam richtete Jakob sich zu seiner vollen Größe auf. Die kräftige Statur war bei beiden gleich, doch Jakob überragte Hartmut um einen halben Kopf.

„Mittlerweile müsstest du es besser wissen!"

Hartmut stieß die Luft durch die Nase aus. „Ha, was soll ich denn besser wissen? Dass er es ohne unsere Hilfe gar nicht erst durch den ersten Winter geschafft hätte? Dass die Saat auf den Feldern nicht aufgegangen wäre? Oder dass seine Kühe verreckt wären, weil er nicht gewusst hätte, wie er die Milch aus dem Euter herauswringen sollte? Und die Giftmischerin? Hat sogar den Lokator verzaubert. Erst kürzlich ist sie aus seinem Haus gestürmt, mit offenem Haar, die Haube in der Hand! Wahrscheinlich treibt sie es mit dem!"

„Das ist eine Lüge!" Gisel drehte sich um und funkelte Hartmut an. Ihre Stimme überschlug sich.

Lorenz erhob sich. Sein Kopf war hochrot. „Was redest du da für einen Unsinn!", herrschte er Hartmut an.

Gisel setzte sich wieder auf die Bank, duckte sich neben ihren Mann und klammerte sich an der Tischplatte fest. Mit aufgerissenen Augen beobachtete sie die Männer.

Jakob trat aus der Bank heraus und vor Hartmut hin. „Beruhige dich! Lorenz und Gisel gehören zu uns. Sie haben mit uns den Winter durchlitten, Seite an Seite mit uns auf den Feldern gearbeitet. Vergreifst du dich an ihnen, vergreifst du dich an uns!"

Hartmut stieß Jakob vor die Brust. Der wankte einen Schritt zurück, stieß dumpf gegen die Ecke der Bank und konnte sich gerade noch am Tisch festhalten.

„Sag du mir nicht, was ich tun soll!", zischte Hartmut durch die Zähne.

Jetzt mischte sich Katharina ein. „Geh nach Hause und schlaf deinen Rausch aus!"

Zornig warf Hartmut einen Blick in ihre Richtung, zögerte einen Moment, stürzte sich dann unerwartet auf Jakob und versuchte, ihn umzureißen. „Du Verräter! Fällst deinen eigenen Leuten in den Rücken!"

Jakob wich ein paar Schritte zurück.

Lorenz kam von hinten. Er packte Hartmut am Kragen. Jakob fing sich wieder und schlug Hartmut mit der Faust in den Magen. Der krümmte sich, keuchte. Mit hassverzerrtem Gesicht blickte er zu Jakob hoch.

Lorenz nahm Hartmut in den Schwitzkasten. Der konnte sich nicht mehr bewegen. Er spuckte Jakob ins Gesicht.

Jakob zuckte zurück. Dann wischte er sich die Spucke mit dem Ärmel ab. Holte noch einmal aus und schlug Hartmut auf die Wange, dass es laut klatschte. „Und jetzt verschwinde!", herrschte er ihn an.

Wie ein verletztes Tier zog sich Hartmut zurück ins Getümmel.

Gisel stürzte zu Lorenz und legte ihre Hand um seinen Arm. „Ist dir was passiert?" Sie hatte tatsächlich Angst um ihn gehabt.

Lorenz streifte ihre Hand ab. „Mir fehlt nichts", sagte er barsch.

Jakob setzte sich wieder und nahm seinen Bierkrug in die Hand. „Na, der traut sich so schnell nicht mehr!" Mit ernster Miene blickte er Gisel an. „Entschuldige, manchmal sind die Menschen hier recht unbeherrscht."

Gisel zog den Kopf ein. Hartmut war ein Scheusal. Aber sie selbst war keinen Deut besser.

Auf dem Nachhauseweg gingen Lorenz und Gisel ein wenig hinter den anderen. Lorenz führte die Kuh mit dem Karren. Vor der Reise hatte er die Räder geölt, doch jetzt quietschten sie wieder.

Gerade hatten sie eine kleine Kapelle passiert, da brach Lorenz das unerträgliche Schweigen. „Sag mal, was hat Hartmut damit gemeint, du seist ohne Haube aus dem Haus des Lokators gekommen?"

Gisel schnappte nach Luft. Ihr wurde heiß im Gesicht. Sie überlegte sich jedes Wort, das sie sagte. „Ich habe sein Pferd untersucht. Da war sie im Weg."

Lorenz presste den Atem durch die Zähne. „Was ist denn das für eine Ausrede! Wie soll deine Haube da im Weg sein?"

„Ich bin unter Blitz' Bauch hindurchgekrochen, da ist sie heruntergefallen!"

Lorenz packte Gisel am Arm und drehte sie zu sich herum. „Lüg mich nicht an!", stieß er hervor.

Erschrocken schüttelte Gisel den Kopf. „Ich lüge nicht. Lorenz, bitte glaub mir, ich lüge nicht!"

Doch Lorenz ließ nicht locker. Er packte Gisel hart am Kinn und durchbohrte sie mit seinem Blick. „War da was zwischen euch?"

„Nein, da war nichts! Wirklich nicht!"

Abrupt ließ er sie los, sodass sie nach hinten stolperte. „Wenn herauskommt, dass meine Frau es mit dem Lokator treibt, dann kannst du was erleben!"

Gisel rappelte sich wieder auf, ergriff dabei eine Handvoll Erde und schleuderte sie Lorenz entgegen. „Wie kannst du diesem Säufer mehr glauben als mir?"

Lorenz warf schützend seine Arme nach oben. Dann ließ er sie wieder sinken und funkelte Gisel an. Schließlich wandte er sich ab. „Komm mit nach Hause", knurrte er und machte sich wieder auf den Weg.

Gisel schluckte. Wenn die Wahrheit herauskam, dann würde er sie schlimmstenfalls verstoßen. Und im besten Fall? Gisel wich alles Blut aus dem Gesicht. Nein, niemals durfte die Wahrheit ans Licht kommen!

Den Rest des Marsches gingen Lorenz und Gisel nebeneinander her. Gisel konnte sein Schweigen kaum ertragen. Am Anfang hatte sie noch versucht, ihn in ein Gespräch zu verwickeln. Zeigte auf eine schöne Mohnblume oder auf eine lustige Wolkenfor am Himmel. Dabei versuchte sie zu lachen und heiter zu klingen. Lorenz aber blieb stur und sagte kein Wort. Nur der Wagen quietschte und manchmal blieb die Kuh stehen und fraß das Gras vom Wegesrand. Lorenz musste sie mit der Gerte antreiben.

„Heda!", rief er dann nur. „Geh weiter!"

Kurz bevor es dunkel wurde, erreichten sie das Aigen. Die Sonnenstrahlen färbten das Holz der Hütten rot und der Nebel zog aus den Niederungen herauf.

Wortkarg verabschiedeten sich Lorenz und Gisel von ihren Freunden. Die mussten den Streit zwar mitbekommen haben, aber sie mischten sich nicht ein, sondern gingen mit einem Gruß zu ihrem Haus. Das war eine Sache zwischen den Eheleuten.

Noch auf der Rundstraße blieb Gisel wie angewurzelt stehen, kreischte auf und deutete mit zitterndem Finger zum Haus hinüber. „Schau, Lorenz!"

Lorenz blickte auf die Haustür. Ein Huhn hing, einen Strick um den Hals, vom Türbalken herunter. Seine Augen starrten gebrochen, der Schnabel stand weit offen. Lorenz stürzte hin und versuchte, das Tier abzumachen. Der Strick war stark verknotet. Lorenz musste unter dem Huhn hindurch ins Haus laufen und ein scharfes Messer holen, um das Tier vom Balken zu schneiden.

Lorenz und Gisel standen vor dem toten Vogel auf dem Boden und starrten ihn an. Die Kuh hinter ihnen muhte ungeduldig.

„Was meinst du, wie lang das Huhn schon tot ist?" Ihr sackte das Blut nach unten. Plötzlich hatte sie noch ganz andere Sorgen.

„Es ist noch warm", antwortete Lorenz kurz.

„Was meinst du? War das Hartmut?" Ihre Stimme klang brüchig. Natürlich war das Hartmut gewesen. Was fragte sie noch!

Mit zusammengekniffenen Augen blickte Lorenz hinüber zu dessen Haus. Dort regte sich nichts. „Ich denke schon!" Er nahm das Huhn am Kragen und marschierte schnurstracks hinüber.

„Hartmut!“ rief er im Gehen. „Hartmut!“

Gisel lief hinter ihm her. Kurz dachte sie an die Kuh auf der Straße, doch die musste warten.

Lorenz hämmerte mit der Faust an die Türe. „Mach auf, du Dreckskerl!“

Tatsächlich öffnete Hartmut. Hinter ihm erschien das bleiche, runde Gesicht von Maria.

„Geh ins Haus! Schone das Kind!“, herrschte Hartmut seine Frau an und zeigte auf den dicken Bauch unter ihrem Leinenkleid. Sie musterte Lorenz neugierig. Dann drehte sie sich schweigend um und gehorchte ihrem Mann.

„Was willst du hier?“, fragte Hartmut. Seine Stimme klang barsch. Seine Wange war geschwollen.

Lorenz hielt ihm das Huhn vors Gesicht. „Das warst du! Es hing an unserem Türstock!“ Lorenz schrie vor Wut.

Die anderen Siedler kamen angelaufen und scharten sich um die Streitenden. Katharina stand mit offenem Mund da, Jakob kratzte sich am Kopf. Agnes, Ingrid, Stephan und Christian steckten die Köpfe zusammen und tuschelten.

Hartmut ließ der Vorwurf kalt. „Ich? Wie soll ich das denn gemacht haben? Ich bin doch gerade erst aus Waldkirchen zurückgekommen!“ Er deutete auf Gisel. „Wahrscheinlich war‘s deine eigene Frau! Die Giftmischerin! Hab sie schon einmal gesehen, wie sie um das Haus von Christian geschlichen ist, und am nächsten Morgen war seine Kuh tot.“

„Das stimmt!“ Ingrid trat vor und nickte bekräftigend. „Am Vortag war sie noch ganz gesund gewesen!“

„Seht ihr?“ rief Hartmut. „So einfach stirbt eine Böhmerwaldkuh nicht. Die ist zäh!“

„Wer weiß, was für Schadzauber diese Pfuscherin aus der Stadt mitgebracht hat!“, legte Agnes nach, die Hände in die Hüften gestemmt. Sie rümpfte die Nase. „Wer wäre denn sonst so dumm, ohne landwirtschaftliches Wissen in den Böhmerwald zu ziehen?"

Stephan trat einen Schritt vor seine Frau. Christian blickte zu Boden, Jakob krempelte die Ärmel seines Hemdes hoch, jederzeit bereit einzugreifen.

„Stimmt!", rief Ingrid aus. „Ich hab auch schon mal beobachtet, wie Gisel bei Vollmond im Wald getanzt hat!"

Christian versuchte sie zurückzuziehen, den Finger an den Mund gelegt.

Doch Ingrid streifte ihn ab. „Lass mich! Oder willst du die Hexe auch noch verteidigen?" Ihre Stimme überschlug sich, ihr Gesicht wurde blutrot.

Um Gottes willen! Gisels Nerven waren zum Bersten gespannt. Was geschah hier? Fielen jetzt die Bewohner über sie her? Jemand musste sie zurückhalten! Sie sah zu Lorenz hinüber. Der stand noch immer mit dem leblosen Tier in der Hand da, die Unterlippe vorgeschoben. Er schien unentschlossen.

„Was ist los mit dir, Lorenz? Stellst du dich noch immer auf die Seite deiner Frau? Jeder weiß doch, dass sie es mit dem Lokator treibt!", keifte Ingrid.

Lorenz blickte in die Runde, dann zu seiner Frau. Ihm war der Zweifel ins Gesicht geschrieben. „Ich werde ..."

Weiter kam er nicht. Denn da liefen Elias und Curt über den Anger heran.

Elias klatschte laut in die Hände, um die Siedler zur Räson zu bringen. „Was gibt es denn hier für Streitereien? Macht sofort, dass ihr alle nach Hause kommt!", rief er schon von Weitem.

Katharina lief hinter den beiden her. Gisel hatte gar nicht gemerkt, dass sie verschwunden war. Sie musste den Lokator geholt haben.

Stephan zog Agnes mit sich fort. Auch Christian und Ingrid gingen zurück zu ihrem Haus.

Gisel musterte Elias. Die letzten Wochen hatte sie ihn höchstens von Weitem gesehen. Bei ihrer Verabschiedung hatte er mit nacktem Oberkörper dagestanden und sie sanft geküsst. Jetzt machte er eine ernste Miene und sah wieder so geschäftsmäßig aus wie ein Anführer der Siedler aussehen musste. Sie löste ihren Blick von Elias und drehte sich zu Hartmut um. Er war verschwunden.

„Wo ist der Dreckskerl denn hin?", stieß Lorenz aus und suchte mit zusammengekniffenen Augen die Wiese hinter dem Haus ab. „Dem zahl ich's heim!"

Jakob legte die Hand auf Lorenz' Arm. „Ruhig Blut, Freund!", sagte er. „Den kriegen wir schon noch!"

Elias hingegen machte ein besorgtes Gesicht. „Gleich morgen gehe ich zum Grafen und bitte um einen Pfarrer!"

Lorenz schleuderte das Huhn mit einem dumpfen Knall gegen Hartmuts Haus und packte Gisel am Arm.

Zu Hause angekommen, schwieg Lorenz sich wieder aus.

„Rede mit mir!", flehte Gisel, doch Lorenz zeigte ihr die kalte Schulter. Gisel zog sich ihr Nachthemd an und stieg ins Bett, wartete, dass Lorenz kam. Das tat er dann auch, doch nur, um sich seine Decke zu holen. Damit rollte er sich vor der Feuerstelle zusammen und blies die Kerze aus.

Ohne Lorenz an ihrer Seite fühlte sich Gisel nun so einsam, dass sie es kaum aushielt. Lorenz regelmäßiger Atem drang an ihr Ohr. Sie berührte die Medaillons um ihren Hals. Sie hatte es noch nicht übers Herz gebracht, den Anhänger mit dem Slawengott wegzuwerfen. Ihre Augen brannten. Tränen rollten über die Wange und versickerten im Kissen. Sie schlang ihre Arme um ihren Körper und wiegte sich so selbst in den Schlaf.

Elias fröstelte. Gerade war er aus der kalten Morgenluft des Burgvorhofes in das Jagdzimmer des Grafen Johann von Hals gerufen worden. Es war nicht das erste Mal, dass Elias hier stand. Immer wieder machte der prunkvolle Raum Eindruck auf ihn. An der Wand gegenüber dem offenen Kamin hing ein großer Teppich mit Jagdszenen. Da hetzten Reiter mit einer großen Hundemeute einem Wolf hinterher, dort ging ein Ritter mit gezogenem Schwert auf einen Bären los und an einer anderen Stelle zielte einer mit Pfeil und Bogen auf einen Hirsch. Die Wand über dem Kamin aber war verziert mit mindestens einem Dutzend Jagdtrophäen, hauptsächlich Hirsche und Keiler. Auch ein paar präparierte Fische waren darunter. Im Lehnstuhl vor dem Kamin, die Füße in ein Bärenfell vergraben, saß der Graf.

Er war in eine blaue Samttunika gekleidet. Das Hemd darunter war rot mit goldenem Muster. Seine Mütze hatte eine schwarze Krempe und einen Edelstein auf der Vorderseite. Der Pelz wurde über der Schulter mit einer Spange zusammengehalten. Auf dem energischen Gesicht des Grafen mit dem blond-grauen Bart grub sich eine tiefe Falte ein.

Elias blickte auf den Hirschkopf über der Türe. Dessen Geweih war das imposanteste von allen. Die dunklen Augen glotzten wie schwarze Obsidiane ins Leere.

„Dem war wirklich nicht einfach beizukommen“, sagte Graf Johann. In seiner tiefen Bassstimme klang Stolz mit. „Hat sogar einen meiner Hunde auf dem Gewissen!“

Eigentlich hätte Elias nun eine Frage stellen müssen. Mit welcher Waffe der Graf den Hirschen getötet hatte, oder wo die Jagd stattgefunden hatte zum Beispiel. Aber ihm war nicht zum Reden zumute und so gab er dem Grafen keine Gelegenheit, von seinen Heldentaten zu erzählen.

„Nanu? Heute so schweigsam?“, fragte Johann und wandte sich Elias zu.

Der sog die Luft ein und kam dann direkt auf den Punkt. „Wir brauchen einen Priester.“

Der Graf runzelte die Stirn. „Gibt es im Aigen Probleme? Aber es ist doch eine recht kleine Siedlung. Reicht es da nicht, wenn der Pfarrer in Waldkirchen euch mit bedient?“

Elias schüttelte den Kopf. „Das geht nicht, Herr. Die Siedler brauchen geistliche Begleitung. Sonst schlagen sie sich die Köpfe ein.“ Nervös strich er über seinen Schwertknauf. Er hatte Angst um Gisel. Fürchtete, dass man ihr etwas antat. Er konnte nicht immer zur Stelle sein, wie bei der Sache mit dem Hahn, und sie beschützen. Und was dann mit ihr passieren konnte, das wollte er sich nicht ausmalen. Die Siedler brauchten jemanden, der sie in ihrer Gemeinschaft bestärkte und ihnen die Flausen aus dem Kopf trieb.

„Soso", machte Graf Johann. „Dir scheint die Sache wichtig zu sein. Dann werde ich eben einen Brief an den Fürstbischof verfassen." Er setzte sich an den Schreibtisch und spitzte mit einem Messer den Kiel seiner Feder zu.

PRUSSENLAND, 1234

Der Deutschmeister Hermann von Balk saß auf seinem Pferd am Rand des Urwaldes östlich der Weichsel und überblickte das Gebiet. Er trug den Waffenrock des Deutschen Ordens, weiß mit einem schwarzen Kreuz auf der Brust, und darüber einen Wollmantel. Er war angespannt, doch Müdigkeit und Hunger ließ er nicht zu. Die Sonne über ihm war eine blasse Scheibe hinter dicken Wolken. Ein eisiger Wind wehte in sein wettergegerbtes Gesicht. Der Schnee knirschte unter den Hufen seines Braunen. Die Metallösen an den Zügeln klirrten. Die kalte Luft brannte in Hermanns Lungen.

Vor ihm in der Ebene lag die Schutzburg der Slawen. Hierher hatte sich eine Gruppe der Prußen, die sie schon seit Wochen jagten, zurückgezogen – tief in die Wälder und Sümpfe am nordöstlichen Ende des Reiches. Die Landschaft war ebenso rau und wild wie das Volk der Prußen selbst. Mit ihren Äxten und Keulen konnten sie dem Gegner den Schädel einschlagen, als seien sie vom Teufel besessen. Deshalb sagte man ihnen auch einen Pakt mit dem Satan nach.

Die weiße Winterlandschaft lag friedlich vor Hermann. Doch die Ruhe täuschte, denn der hüfthohe Schnee und die darunter verborgenen Sümpfe hatten ihre Tücken. Für seine Männer würde es schwer werden, die Festung zu stürmen.

Deren Burgwall ragte in der Mitte der Ebene auf. Ein Torturm markierte den Eingang. Davor lag der Sohlgraben mit einer Brücke darüber. In einem Umkreis von mindestens dreihundert Schritten waren die Bäume gefällt worden. Für die Angreifer würde es kein leichtes Spiel werden. Sie würden den Pfeilen und Speeren der Slawen schutzlos ausgeliefert sein. Hermann von Balk schätzte, dass sich in der Burg noch hundert bewaffnete Männer aufhielten, vor allem aber Frauen und Kinder.

Neben dem Deutschmeister stand der ortskundige Führer, ein slawischer Bauer, der zu ihnen übergelaufen war. Er trug einen Wolfspelz über seinem grauen Umhang und eine Kapuze über dem Kopf. Seine Stiefel waren ebenfalls umwickelt mit Wolfspelz. Der Slawe hatte zum Angriff im Winter geraten, weil jetzt die Sümpfe gefroren und die Wälder kahl waren, sodass das Heer gut vorankam. Hier, inmitten des Niemandslands zwischen Weichsel, Ostsee und Memel. Die Slawen in der Burg waren eingekesselt, und Hermann von Balk wollte sie nicht entkommen lassen.

Die Prußen waren ein streitbares Volk. Sie hatten sich seit Jahrzehnten zu wehren gewusst. Doch diesmal war die Übermacht zu groß. Hermann von Balk führte mit sieben Ordensrittern ein Heer von siebenhundert Gefolgsmännern an, mit dem sie die Weichsel überschritten hatten. Herzog Konrad von Mascowien unterstützte die Mission ebenfalls mit mehreren Hundert Männern.

Sechzig Männer davon standen hinter ihm im Wald. Die Fußsoldaten waren mit Speeren und Schwertern bewaffnet. Die Reiter kamen dahinter, ihre Lanzen hoch in den Himmel gerichtet. Daneben die Männer mit den Armbrüsten.

Deutsche und polnische Geistliche standen in den hinteren Reihen. Nach dem Sieg der Ordensritter würde ein bekehrter Prußenhäuptling als Verwalter eingesetzt und der Stamm zur Taufe gezwungen werden. Wer sich der Taufe widersetzte, dem drohte der Tod.

Vier weitere Ritter des Deutschen Ordens warteten mit ihren Gefolgsmännern im Wald um die Burg. Die Ordensritter waren den Slawen haushoch überlegen. Das wussten die prußischen Häuptlinge und suchten Verhandlungen mit den Ordensrittern. Doch diese kleine Gruppe hatte sich weiterhin gewehrt. Sie wollten lieber sterben, als sich zum Christentum bekehren und unterjochen zu lassen. Hermann von Balk würde ihren Widerstand ohne Erbarmen niederschlagen.

Hermann von Balk wendete sein Pferd, um zu seinen Leuten zu sprechen. Er räusperte sich und erhob seine Stimme. „Männer! Wir haben einen Auftrag, den der Papst unmittelbar von Gott erhalten hat. Wir haben den heiligen Auftrag, Gottes Wort zu verbreiten. Hier und heute! Vor uns liegt ein Bollwerk der Ungläubigen. Wir werden diese Heiden bekehren, oder sie werden sterben. Sie haben die Wahl. Das Übel auf dieser Welt muss ausgerottet werden! Lasst uns mutig in diese Schlacht ziehen! Wir sichern uns damit einen Platz im Himmelreich!“

Er stieß sein Schwert in die Höhe. „Zur Ehre und zum Lob Gottes! Nieder mit dem Heidentum!“

Die Männer taten es ihm gleich und reckten die Waffen in die Höhe. Laut grölten sie die Parole „Zur Ehre Gottes!". Sie trommelten gegen die Schilde, sodass das Getöse im ganzen Wald widerhallte. Die Männer waren begierig auf die Schlacht. Sie befanden sich auf dem Kreuzzug und erwarteten dafür Ruhm und Reichtum. Neben Gold gab es hier Pelze, Erze und Bernstein zu holen. Hermann von Balk ließ seine Männer gewähren. Was sie plünderten, war ihm gleich. Er wollte den Deutschordensstaat aufbauen und das Christentum ins Slawenland tragen.

Hermann von Balk zeigte mit dem Schwert auf zwei leichte Katapulte. Diese Geräte nutzten die Federkraft eines gespannten Balkens, um brennende Wurfgeschosse abzufeuern. So sollten die Palisaden der Burg niedergebrannt werden.

„Feuer frei!", rief der Ritter. Hinter den Bäumen klackte erst ein Katapult, dann das zweite. Zwei flammende Kugeln sausten durch die Luft. Hermann von Balk wusste, das waren ölgefüllte und verkorkte Tontöpfe, die mit brennenden Lappen umwickelt waren. Ein Geschoss landete im Schnee vor der Burg. Das zweite fiel in den Graben.

Hermann von Balk ballte die Fäuste. Als auch aus vier anderen Richtungen Feuerbälle auf die Burg schwirrten, hielt er die Luft an. Doch auch diesmal erloschen die Flammen im Schnee.

„Noch einmal! Feuer frei!", rief Hermann von Balk und hieb mit seiner Waffe durch die Luft. Dabei biss er sich zu fest auf die Lippe. Er schmeckte Blut im Mund.

Wieder sirrten die Kugeln durch die Luft. Hermann von Balk kniff die Augen zusammen. Eine Kugel war gefährlich nahe an der Palisade herabgefallen, aber genauso erloschen wie die andere! Ernüchtert sank der Ritter in sich zusammen. Musste er jetzt den geschützten Wald verlassen und die Männer dem Pfeilhagel der Slawen aussetzen? Dann war der Ausgang der Schlacht nicht sicher.

Er drehte sich zum Geschossmeister um, um ihm zu befehlen, die Katapulte aus dem Wald heraus zu schieben. Da berührte der ortskundige Bauer sein Bein.

„Seht, Herr!", sagte er und deutete hin zur Burg.

Tatsächlich! Die Palisade hatte Feuer gefangen. Mehrere Slawen kamen aus ihren sicheren Verstecken innerhalb des Burgwalles hervor und versuchten die Flammen mit Schnee zu bekämpfen.

„Feuer frei!", rief Hermann von Balk wieder, diesmal ganz euphorisch. Das Holz krachte und splitterte. Die Palisaden gingen in Flammen auf. Das Feuer prasselte und Funken zischten in alle Richtungen. Die Slaven wurden dem Brand nicht mehr Herr. Der eisige Wind trug panische Schreie herüber. Endlich war es Zeit zum Angriff.

„Für Gott und den Orden!", schrie Hermann von Balk. Er ritt mit ausgestrecktem Schwert auf die Burg zu.

PASSAU, SOMMER 1348

Pater Albus schloss das dicke Buch mit den vergilbten Seiten und dem Ledereinband. In seiner dunklen Zelle in der Domschule brannte nur eine Kerze, doch das hatte ihn nicht am Lesen gehindert. Bis tief in den Abend hatte er in der Chronik des Deutschordens gelesen. Um seine Pritsche herum lagen ein paar weitere Bände auf dem Boden verstreut. Er hatte sie von Pater Christophorus aus der Bibliothek entliehen. Endlich, nach seiner Graduierung am Kolleg, fand er Zeit, seinen eigenen Interessen nachzugehen.

Wie glorreich der deutsche Ritterorden doch war! Zu gerne wäre er hoch in den Norden gezogen, um bei der Bekehrung der Heiden zu helfen. Blumige Worte halfen da nicht. Mit Schwert und Feuer, oder was es eben dazu brauchte, mussten sie überzeugt werden. Doch er saß hier, um morgen seine Entsendung in ein Dorf von zwölf Seelen am Rande der Welt anzutreten. Da hatte er nun jahrelang Bücher gewälzt, studiert, Manuskripte abgeschrieben und mit seinen Lehrern diskutiert, und jetzt das! Eine Strafe Gottes! Aber wofür? Er war immer der beste Schüler gewesen, hatte seinen Lehrern die Wünsche von den Lippen abgelesen. Immer hatte er versucht, ein treuer Gottesmann zu sein und nach den Vorschriften der Domschule zu leben. Sein Einspruch beim Fürstbischof gegen die Entsendung hatte nichts genutzt.

Der war ihm sofort über den Mund gefahren. „Einen Besseren als dich gibt es für diese Aufgabe nicht!“

Missmutig stand Pater Albus auf und steckte das Buch in seinen Sack. Den würde er morgen bei Sonnenaufgang schultern, um mit der Fähre überzusetzen und in dieses gottverlassene Gebiet zu ziehen. Freiung. Welch ein Hohn! Eine Befreiung war das wahrlich nicht! Ihm waren die Hände gefesselt. Wirklich große Taten zu vollbringen war kaum möglich!

Er stieg auf seine knarrende Pritsche. Dann blies er die Kerze aus. Konnte der Deutschorden nicht einen belesenen Priester wie ihn brauchen?, überlegte er und lag noch lange grübelnd wach.

FREIUNG, SOMMER 1348

„Gisel, du musst kommen! Maria liegt in den Wehen!" Katharina blickte zur Tür herein. Sie sah abgehetzt aus. Auf ihrer Schürze leuchtete ein frischer Blutfleck.

Marias Bauch war über die Monate immer dicker geworden. Dass sie nun in den Wehen lag, war also nicht überraschend. Doch Hartmut hatte Gisel eindringlich zu verstehen gegeben, dass sie bei der Niederkunft unerwünscht war.

„Aber du weißt doch, dass mich Hartmut nicht zu ihr lässt!", beklagte Gisel.

Katharina schüttelte den erhobenen Zeigefinger. „Das ist mir egal! Es gibt Komplikationen! Hol deine Kräuter und komm mit. Sofort!"

Gisel nickte. Daraufhin verschwand Katharina wieder.

Gisel packte ihre Tasche zusammen. Wo war der rote Jaspis von Schwester Hildegard? Den brauchte sie jetzt am dringendsten, denn der vertrieb die bösen Luftgeister und verhinderte, dass das Kind geschädigt wurde. Ah, dort lag er ja auf dem Regal hinter dem Galgant. Sie nahm das kleine, in Pergament eingewickelte Paket und rannte los.

Maria hockte in der Kammer vor dem Bett. Die Arme ruhten auf dem Strohsack, darauf lag der zur Seite gedrehte Kopf. Ihr Mund war geöffnet. Es war dunkel und diesig. Zwar gab es ein Fenster, aber davor hing ein Fell, um die Hitze auszusperren. Die Sonne schien nur an den Rändern herein, wo das Fell nicht auf dem Fensterrahmen auflag. Gisel trat neben Katharina herein.

Maria atmete schwer. Ihre Stirn war nass vor Schweiß, ihre Haut schneeweiß. Sie hatte ein helles Nachthemd aus Leinen an. Die untere Hälfte war blutrot. Maria schrie aus Leibeskräften, keuchte dann.

„Sie verliert so viel Blut, ich weiß nicht, was ich tun soll!" Katharina raufte sich die Haare.

Gisel stellte ihre Tasche auf dem Boden ab und kniete sich daneben. „Geh du und hol den Priester! Ich versuche, die Luftgeister von ihr fernzuhalten!“

Katharina lief nach draußen.

Gisel drückte Maria den Jaspis in die Hand. Sie klammerte sich an Gisels Kleid fest und jammerte herzzerreißend.

Wie lange dauerte es denn, dass der Stein wirkte? Gisel biss sich auf die Lippen.

Da kam Pater Albus in die Stube, der Gang genauso energisch wie der Blick unter den dünnen, tief liegenden Brauen.

Gisel musterte ihn. Er war erst gestern angekommen und sie hatte ihn noch gar nicht gesehen. Er wirkte jung, ein wenig älter als sie selbst. Er hatte dunkle, kurze Haare und trug eine einfache Kutte. In der Hand hielt er ein Büchlein. Die Bibel vielleicht oder ein Gotteslob.

Kaum war der Pfarrer in die Stube getreten, polterte auch schon Hartmut herein. Er sah in die Runde. Als er Gisel erkannte, verfinsterte sich sein Blick. Er schob Katharina unsanft zur Seite und packte Gisel beim Handgelenk. So zog er sie von Maria fort. „Was macht die Giftmischerin bei meiner Frau? Scher dich zum Teufel!“

Am Pfarrer vorbei schob er Gisel zur Tür. „Verschwinde!“

Der Pfarrer legte Hartmut beschwichtigend die Hand auf die Brust. „So beruhige dich doch, Mann!“

„Mich beruhigen? Die wollte mich schon einmal mit einem Schadzauber belegen! Und meiner Maria hat sie pures Gift verkauft. Angeblich, damit meine Frau schneller schwanger wird!“

„Ich wollte ihr nur helfen!“ Gisel hielt sich am Türrahmen fest.

„Ihr helfen? Sieh sie dir an! Das ist deine Schuld! Dachtest wohl, ich komm nicht drauf! Wenn sie stirbt, dann gnade dir Gott! Und jetzt scher dich zum Teufel!“

Maria bäumte sich auf. Der Jaspis entglitt ihrer Hand und fiel mit einem dumpfen Poltern zu Boden. Der Priester beugte sich hinunter und hob den roten Sein auf.

„Was ist denn das?" Er drehte den Stein in der Hand. Dann durchbohrte er Gisel mit seinen Augen. „Ist das ein Schadzauber? Es ist wohl besser, wenn du uns allein lässt." Seine Stimme klang hart und kalt.

Gisel war ein paar Schritte zum Dorfanger gelaufen, aber jetzt verließen sie die Kräfte. Ihre Beine versagten. Sie musste sich setzen. Leichter Regen nieselte vom Himmel und vermischte sich mit den Tränen, die ihr über die Wangen kullerten.

Sie hörte Schritte, die sich ihr näherten, und blickte hoch. Es war Elias. Eine tiefe Falte hatte sich in sein Gesicht gegraben.

„Gisel, was ist passiert? Du siehst mitgenommen aus!" Er kniete neben ihr nieder und legte die Hand auf ihre Schulter.

Gisel schniefte. Mit dem Ärmel wischte sie sich Tränen und Rotz vom Gesicht. Elias' Gegenwart verunsicherte sie nur noch mehr. „Maria geht es sehr schlecht. Und Hartmut hat mich aus dem Haus gejagt!" Da konnte sie sich nicht mehr zurückhalten. Sie warf sich in seine Arme. Gerade jetzt brauchte sie seine Berührung so sehr!

Elias strich ihr sanft über den Kopf. „Ich gehe zu ihm und rede mit ihm. Du aber beruhige dich erst!"

„Ja, kann ich meinen Augen trauen? Sind die Gerüchte wahr? Sogar auf offener Straße?" Lorenz kam auf den Anger geschossen. Er schüttelte seine Faust. Mit wenigen Schritten war er beim Lokator und stürzte sich auf ihn. Mit beiden Händen zerrte er ihn von Gisel fort.

Gisel war aufgesprungen, lief neben den beiden her und rang die Hände. „Aufhören! Aufhören!"

Ineinander verkrallt gingen die beiden zu Boden. Elias wollte sich aufrappeln. Lorenz fasste nach Elias' Hals. Der Lokator schlug Lorenz gegen die Schläfe, wodurch dieser seinen Griff für einen kurzen Moment lockerte. Der kurze Augenblick genügte Elias, um sich auf Lorenz zu wälzen. Mit den Knien drückte er dessen Handgelenke zu Boden. Seine Hände umfassten den Hals des Gegners.

„Nimm Gisel und geh nach Hause, hörst du?“, keuchte Elias über Lorenz. „Sie ist schon aufgewühlt genug!“

Elias gab Lorenz etwas mehr Spielraum, doch der begann sich sofort wieder zu winden. Kurzerhand versetzte ihm Elias einen schnellen Schlag gegen die Schläfe. Während der Lokator aufstand, blieb der andere benommen liegen.

Gisel lief auf und ab und raufte sich die Haare. Sie schrie und wehklagte. Die beiden Männer kämpften um sie, und hinten im Haus krepierte Maria mit ihrem Kind. Und Gisel konnte nichts tun, als nur zuzusehen!

Elias zog seinen Rock zurecht. Dann warf er Gisel einen beschwörenden Blick zu, bevor er zu Hartmuts Haus hinüberlief.

Stumpf sah Gisel ihm hinterher. Schließlich stand sie schwerfällig auf. Mit hängendem Kopf ging sie hinter Lorenz her, der sich aufgerappelt hatte und auf sein eigenes Haus zustrebte.

Als sie die Stube betrat, war Lorenz schon dabei, seine Kleidungsstücke aus der Truhe in einen braunen Sack zu stopfen.

„Was tust du da, Lorenz?“ Panisch hetzte Gisel zu ihm und versuchte ihn aufzuhalten. Sie riss ihm das Hemd aus der Hand, das er gerade einpacken wollte. „Ich kann nichts dafür! Der Lokator ist zu mir gekommen und hat mich angefasst! Und Maria wollte ich nur helfen! Ich bin keine Giftmischerin! Das weißt du so gut wie ich!“

Lorenz hielt inne und richtete sich auf. Sein Blick durchbohrte Gisel. „Ich gehe zurück nach Passau“, sagte er mit entschlossener Stimme. „Entweder du gehst mit oder du siehst mich nie wieder! Du hast die Wahl. Und jetzt gib mir das Hemd.“ Er streckte die Hand aus.

Zurück nach Passau? Nein, das ging nicht. Das durfte sie gar nicht! Sie versteckte das Hemd hinter ihrem Rücken. Heftig schüttelte sie den Kopf. „Da gehe ich nicht mit!“

Lorenz zuckte mit den Schultern und beugte sich über die Truhe, um das nächste Kleidungsstück herauszunehmen.

Gisel ließ das Hemd fallen, klammerte sich an Lorenz' Arm und sank auf die Knie. „Du darfst nicht gehen! Die Leute wissen, dass ich nur helfen will! Uns passiert hier doch nichts!"

Lorenz stieß sie fort. „Nichts wissen sie, Gisel. Und der Lokator ist noch eine ganz andere Geschichte. Denkst du denn, ich bleibe hier, um zu sehen, wie du mich mit ihm betrügst? Ich gehe. Du hast die Wahl!"

Die Wahl? Die Wahl? Wenn Lorenz ging und sie zurückblieb, war sie eine verlassene Frau. Ohne Vormund, ohne Recht. Doch nach Passau durfte sie nicht. Die Dechantin hatte es verboten. Nein, Lorenz ließ ihr überhaupt keine Wahl!

Er zog den Sack zu. Er ging hinüber zum Tisch und steckte einen Apfel und ein Stück Brot in den kleinen Beutel an seinem Gürtel. Er packte den leeren Wasserschlauch und nahm seinen Mantel vom Haken neben der Tür. Dann wandte er sich zu Gisel um. „Ein letztes Mal. Komm mit mir mit!"

Langsam schüttelte Gisel den Kopf.

Die Tür fiel zu.

Ungläubig starrte Gisel auf die Stelle, wo eben noch Lorenz gestanden hatte. Was sollte sie jetzt tun? Hinterherlaufen und versuchen, Lorenz umzustimmen? Ihm vorschlagen, nicht nach Passau, sondern woanders hinzugehen? Würde Elias dann zu ihr stehen, als verlassene Frau? Ihre Gedanken lähmten sie. Sie war unfähig zu handeln. Stattdessen brach sie wimmernd zusammen und krümmte sich. Die Tränen flossen über ihre Wangen, tropften auf den Boden und hinterließen eine dünne Spur auf dem gestampften Lehm. Völlig entkräftet schlief sie irgendwann ein.

In der Nacht stand der Priester mit einer Kerze in der Tür und weckte Gisel. Es blitzte und fast gleichzeitig grollte der Donner. Im Schein des Blitzes sah Pater Albus für einen Moment aus wie ein Geist, übergroß und unnatürlich hell. Der Wind wehte kalt herein und Gisel fror. Trotz ihres Nachthemdes kam sie sich nackt vor unter den bohrenden Augen von Pater Albus.

„Du musst mit mir mitkommen“, sagte er scharf.

Gisel setzte sich auf. Sie fröstelte. „Warum das?“

Der Pfarrer griff nach dem hölzernen Kreuz, das an einem Band um seinen Hals hing, als wolle er den Teufel abwehren. „Maria ist gestorben. Hartmut behauptet, du hättest sie mit einem Schadzauber belegt.“

Gisel brachte sich hinter dem Tisch vor dem Pfarrer in Sicherheit und griff nach dem Stuhl. So einfach würde dieser Mann sie nicht mitnehmen. „Nein, nein! Das ist nicht meine Schuld!“ Heftig schüttelte sie den Kopf.

„Das werden wir noch herausfinden“, sagte Pater Albus. Seine ruhige Art wirkte furchteinflößend. Wie die der Dechantin, deren Stimme erst ganz leise wurde, bevor sie Gisel eine Tracht Prügel verpasste.

„Ich muss mit dem Lokator sprechen! Hier liegt ein Irrtum vor!“, keuchte Gisel.

Da erschien Elias in der Tür. Er umfasste mit der Rechten den Bügel einer Laterne. Seine Augen blickten traurig, seine Gesichtszüge waren angespannt. Mit der Linken hielt er sich am Türstock fest. „Gisel, sei vernünftig!“, sagte er nur kurz. „Hartmut hat mir den Stein und die Kräuter gezeigt, die du Maria gegeben hast. Pater Albus wird sich jetzt der Sache annehmen.“

Verzweifelt ließ Gisel den Hocker sinken.

Gisel saß auf einem Stuhl im Haus des Pfarrers. Es war mehr eine Hütte, die von den Siedlern eilig vor seiner Ankunft neben dem Anwesen des Lokators zusammengezimmert worden war. Sie war karg eingerichtet, an den Wänden gab es keine Zierde außer dem Kreuz Christi. Da war eine Feuerstelle und ein Tisch mit zwei Stühlen. Es stank nach Weihrauch.

Der Regen prasselte unaufhörlich auf das Dach und gegen das Pergament vor dem Fenster, durch das kaum Tageslicht fiel. Mit Kerzen sparte der Pfarrer offenbar. Nur das Feuer spendete etwas Helligkeit und beleuchtete das Gesicht des Priesters, sodass es aussah wie eine Fratze: die Nase übergroß, die Augen schwarz, die Wangen flammend rot schimmernd. Er beugte sich vor und nahm Gisel den Knebel aus dem Mund, ein naturfarbenes Tüchlein, das genauso schmutzig schmeckte wie es aussah.

„Wo ist Elias? Ich will mit dem Lokator sprechen!“, brüllte Gisel sofort. Sie zerrte an dem Ledergürtel, mit dem der Pfarrer sie an den Stuhl gefesselt hatte.

Pater Albus hob den Lumpen in die Höhe. „Soll ich dich wieder knebeln?“

Sofort verstummte Gisel.

„Gutes Mädchen“, sagte er lächelnd. „Ich befürchte, der Lokator wird dir nicht helfen. Immerhin hat er veranlasst, dass du hier sitzt.“

„Er irrt sich!“, fauchte Gisel. „Ich will mit ihm sprechen! Sofort!“ Sie war völlig verzweifelt. Sie hatte Maria nicht helfen können. Sie hatte Lorenz nicht halten können. Jetzt war sie sogar diesem sogenannten Gottesmann ausgeliefert! Elias musste ihr helfen!

Der Pfarrer zog den zweiten Stuhl heran und nahm Gisel gegenüber Platz. Er setzte eine ernste, verständnisvolle Miene auf. Dieser Heuchler! „Der Lokator hat mich beauftragt, den Tatsachen auf den Grund zu gehen“, säuselte er. „Aber ich warne dich!“ Er hob den Finger, strich Gisel damit über die Wange. „Lüg mich nicht an! Früher oder später werde ich die Wahrheit herausfinden!“

Gisel zerrte wieder an ihren Fesseln. „Ich lüge nicht! Ich wollte nur helfen! Ich habe niemanden verzaubert!“

Jetzt gab der Pfarrer ihr eine schallende Ohrfeige. „Beherrsche dich, Weib! Sonst mache ich kurzen Prozess!“

Gisel schossen die Tränen in die Augen. Ihre Wange brannte. „Aber ich habe doch gar nichts getan!“

Noch einmal schlug der Pfarrer zu. Diesmal mit der Faust. Gisel wimmerte auf. Ihr wurde schwarz vor Augen. Sie spürte Blut aus ihrer Nase strömen. War sie gebrochen? Sie pulsierte und schmerzte heftig.

„Ich sehe, so einfach bringe ich die Wahrheit aus dir nicht heraus."

Der Pfarrer stand auf, ging in der Stube auf und ab. Er tippte sich mit dem Finger ans Kinn, schien zu überlegen. Dann blieb er abrupt stehen, starrte Gisel an. Nickte heftig. „Ich denke, wir sollten deine Unschuld prüfen!"

Gisel schluckte. „Wie wollt Ihr das denn tun?"

„Wenn du einen Pakt mit dem Teufel eingegangen bist, dann trägst du auch sein Mal am Körper!" Pater Albus griff nach dem Kragen von Gisels Kleid und zerrte so heftig daran, dass es mitsamt dem Unterkleid bis zum Bauch aufriss. Er zuckte zurück. „Was ist denn das?"

Wie sie sich schämte! Ihre Brust war entblößt, und sie konnte sie nicht mit ihren Händen bedecken. Zu allem Überfluss war die Hochzeitsmünze und Elias' Slawengott zum Vorschein gekommen. Die Hitze stieg ihr ins Gesicht. Nicht nur, dass sie sich entwürdigt fühlte. Die kleine hölzerne Figur würde sie jetzt erst richtig in Schwierigkeiten bringen!

„Nichts! Nichts!", wimmerte Gisel. „Das habe ich zur Hochzeit bekommen! Die halbe Münze und eine Figur vom Heiligen Petrus!"

Der Pfarrer stutzte. „Eine Figur vom Heiligen Petrus? Mit Kriegshelm und Rüstung?" Er riss die Münze und die Figur von Gisels Hals ab und besah sie sich kurz. Dann warf er sie achtlos auf den Tisch. Gisel wagte kaum zu atmen. Der Schweiß perlte auf ihrer Stirn. Was würde der Priester wegen der Heidenfigur tun?

„Mal sehen!", sagte der Pfarrer und begann ihre Haut abzutasten. An der Figur schien er jegliches Interesse verloren zu haben. Vielleicht war er zu jung und unerfahren, um sie zu erkennen. Und das war ihr Glück! Dieses Mal zumindest!

Gisel fröstelte unter der kalten Berührung des Paters. Wie unabsichtlich streifte er über ihre Brustwarzen, die sich sofort zusammenzogen. Gisel war angewidert. Pater Albus hingegen grinste. Sein Finger blieb auf einer Stelle unter ihrer rechten Brust ruhen. Er sog die Luft ein. „Da ist tatsächlich eines! Es ist sehr groß. So breit wie mein Daumen!" Er sah sich um. Sein Blick fiel auf den Schürhaken, der neben der Feuerstelle hing.

Gisel hielt den Atem an. Sie ahnte Schlimmes. „Willst du mich quälen?“, stieß sie hervor.

Pater Albus strich mit einer Hand über Gisels Haar. „Ich will dir nur den Weg zurück zu Gott zeigen.“

„Aber ich bin eine gute Christin!“

„Vom Teufel Besessene erkennen manchmal selber nicht, dass sie das sind!“ Er ging hinüber zum Feuer, angelte sich den Schürhaken und hielt ihn in die Flammen. Als er ihn herauszog, glühte er rot. Pater Albus geiferte. „Das wird dem Teufel nicht gefallen! Am besten bekämpft man Feuer mit Feuer!“

Gisel drückte sich in den Stuhl, den glühenden Schürhaken in seiner anderen Hand fixierend, als er näherkam.

„Woher hast du dein Kräuterwissen?“ Wie ein Monster stand der Pfarrer über ihr. Seine Augen loderten vor Besessenheit. Die Pupille war überzogen mit roten Äderchen.

„Von Schwester Hildegard im Kloster!“ Sie riss an den Fesseln, doch sie gaben kaum nach.

„Bist du dort einen Pakt mit dem Teufel eingegangen?“, herrschte Pater Albus sie an.

Gisel warf den Kopf hin und her. „Nein, ich bin keinen Pakt mit dem Teufel eingegangen!“

Pater Albus hob drohend den Schürhaken. Gisel versuchte, sich aufzubäumen, sich mit den Füßen am Boden abzustoßen und den Stuhl nach hinten zu schieben.

Der Pfarrer kniff die Augen zusammen. „Was ist mit deinem Ehemann?“

„Er hat mich verlassen!“, wimmerte Gisel.

„Hast du den Lokator verzaubert?“ Er kam mit seinem Gesicht ganz nahe, sodass sie seinen Atem spürte.

„Nein, ich habe den Lokator nicht verzaubert!“

Der Priester sah auf die glühende Spitze des Schürhakens und verzog den Mund zu einem verrückten Lächeln. Ganz langsam bewegte er ihn auf Gisel zu. Die schob ihren Körper noch weiter in den Stuhl, der quietschend ein Stück nach hinten ruckelte. Gisel perlte der Schweiß von der Stirn.

„Bist du dir sicher, dass du den Lokator nicht verzaubert hast?", donnerte die Stimme des Pfarrers über ihr.

Gisel schluchzte laut auf.

Der Pfarrer ließ nicht locker. „Hast du ihn geküsst?"

Um Gottes willen! Das durfte sie nicht verraten! Unter keinen Umständen! Gisel presste die Lippen zusammen und ballte ihre Fäuste. Sie sammelte all ihre Widerstandskraft.

Der Pater drückte das glühende Eisen auf das Muttermal. Es zischte. Gisel schrie gellend auf. Rasend vor Schmerz zerrte sie an ihren Fesseln. Vor ihren Augen hüpften schwarze Flecken. Es stank nach verbranntem Fleisch. Ihr wurde speiübel.

„Hast du ihn geküsst?", wiederholte er leise, aber mit Nachdruck. Er ging zur Feuerstelle und senkte den Haken erneut in die Flammen. Als er glühte, hob er ihn hoch und zeigte ihn Gisel.

Gisel riss die Augen auf. Die Wunde unter ihrer Brust brannte wie die Hölle. Was würde er das nächste Mal tun? Ihr den Schürhaken in den Bauch rammen? „Ja!", schleuderte sie dem Pfarrer entgegen. „Ich habe ihn geküsst!", schrie sie da wie von Sinnen. „Ich liebe ihn! Ich habe meine Reize eingesetzt, um ihn zu verzaubern."

Der Priester lachte triumphierend und warf den Kopf nach hinten, als sonnte er sich in seinem Erfolg. „Und als der Teufel dir das Mal aufdrückte, hast du es da mit ihm getrieben?" Der Priester geiferte vor Lust.

Gisel erstarrte vor Schreck. Darauf durfte sie keine Antwort geben. Der Priester würde ihr einen Pakt mit dem Teufel anhängen, und dann gnade ihr Gott! Was er in dem Fall mit ihr machte, wollte sie sich gar nicht vorstellen!

Der Priester musterte sie. Seine Augen verengten sich. Mit dem glühenden Schürhaken in der Hand kam er Schritt für Schritt näher. Er beugte sich über sie. Drehte den Schürhaken vor ihren Augen. „Du willst nicht mehr reden? Nun gut, dann lass uns Taten folgen!" Er presste den Schürhaken wieder gegen das Mal. Es zischte und dampfte. Der Schmerz verhundertfachte sich und stieg in Gisels Kopf. Sie öffnete den Mund zu einem Schrei, doch es kam nichts heraus. Ihr Blick verschwamm. Alles wurde schwarz. Gisel tauchte in einen tiefen, dunklen Traum ein. Darin stand sie in einem Flammenkreis. Das Feuer züngelte nach ihr und steckte ihr Kleid in Brand. Außerhalb des Kreises konnte sie Lorenz sehen. Doch der wandte sich schweigend ab und ließ sie brennen.

Gisel schrak hoch. Sie blickte sich um. Sie war in einem Raum, der ihr fremd vorkam. Sie wollte die Hände heben, doch etwas hielt sie zurück. Allmählich erinnerte sie sich, spürte den Ledergürtel um ihre Handgelenke. Sie war im Haus des Pfarrers! Die Schmerzen kamen zurück und breiteten sich über das Brandmal hinweg in ihrem ganzen Körper aus, sodass sie es kaum aushielt. Sie musste während der Folter bewusstlos geworden sein. Sie sah an sich herab. Eine Wunde war dort, so groß, dass es zweier Hände bedurfte, sie zu bedecken. Die gelb-rote, nässende Kruste verklebte mit den Stofffetzen ihres Kleides. Zum Glück hatte sie noch alle Glieder. Bis jetzt zumindest. mit voller Wucht kam die Erinnerung zurück. Der Priester mit dem glühenden Schürhaken, sein wahnsinniges Gesicht, der unerträgliche Gestank. Gisel fing an zu zittern. Lauschte. Kam er zurück?

Draußen hatte sich das Unwetter gelegt. Es war ganz still geworden. Unheimlich still. Gisel konnte ihren eigenen Atem hören.

Dann ein lautes Knallen. Gisel erschrak bis aufs Mark. Jetzt kam der Pfarrer wieder, um sie weiter zu quälen. Sie krächzte. Schreien konnte sie nicht mehr. Ihr Hals brannte. Sie grub ihre Finger in das Holz des Stuhls, schloss die Augen und atmete tief. Sie wusste nicht, wohin mit ihrem Schmerz und mit ihrer Angst. Sie war kurz davor, den Verstand zu verlieren. Vielleicht war es ja genau das, was der Pfarrer wollte. Gisel fröstelte. Und wenn dies die letzten Momente ihres Lebens waren?

Warum war sie nicht mit Lorenz fortgegangen? Er hatte geahnt, was passieren würde. Sie hatte es nicht wahrhaben wollen. Wie dumm sie doch war! Wie übel das Leben ihr doch mitgespielt hatte! Und der Lokator? Dieser Edelmann? Zwar hatte er sie schon mehrmals vor dem Tod bewahrt, aber nur, um seine Arbeit zu tun. Als es im entscheidenden Moment um seine Liebe zu Gisel ging, da hatte er sie im Stich gelassen.

Draußen hörte sie das Zwitschern einer Amsel. Freiung. Sie lachte auf. Es war mehr ein Quieken. Sie wurde hysterisch. War das der Teufel in ihr, der hinauswollte?

„Elias, wo steckst du?“ Curt lugte durchs Fenster. Nach dem Unwetter hatte Elias die Häute vor den Öffnungen zur Seite gerollt, um wieder natürliches Licht in die Stube zu lassen.

Jetzt saß er am Tisch und nahm Curt nur am Rande wahr. Er ergriff einen Becher zwischen Daumen und Zeigefinger und ließ ihn immer wieder auf die Platte krachen. Nun war er in der Heimat, im Böhmerwald, wie er es gewollt hatte. Sein Vater verwaltete Gebiete östlich von Waldkirchen, die ihm als jüngerer Sohn aber nicht zustanden. Doch was war nicht alles in so kurzer Zeit geschehen? Das Unglück mit Hartmuts Frau, die Liebschaft mit Gisel und nun auch noch die Beschuldigung, dass sie eine Giftmischerin war und einen Mord begangen hatte. Was hielt ihn denn noch hier? Musste er Gisel als Lokator am Ende auch noch anklagen? Das konnte er nicht. Er seufzte. Seine Entscheidung war gefallen.

„Was ist mit dir?“

Elias zuckte zusammen. Curt war neben ihn getreten und legte ihm die Hand auf die Schulter.

„Ich gehe eine Zeit lang fort“, sagte Elias geistesabwesend.

Curt zog eine Augenbraue hoch. „Wohin gehst du?“

Elias hob die Schultern. „Ich weiß es noch nicht.“

„Aber du wirst hier gebraucht. Wer soll die Besiedlung weiter vorantreiben? Die Rodung, die Organisation des Materials, die weitere Einteilung der Felder? Und was wird aus Gisel?“

„Der Graf kann für die Zeit meiner Abwesenheit die Rechtssprechung übernehmen, so wie in anderen Dörfern der Freiung. Ich reite nachher zu ihm und werde das mit ihm klären.“

„Aber wir brauchen jemanden, der hier im Dorf nach dem Rechten sieht!"

„Das übernimmst du!", bestimmte Elias und deutete mit dem Finger auf ihn.

Curt starrte ihn mit offenem Mund an. „Ich?"

„Ja, du. Dir vertraue ich blind!"

„Aber warum brichst du so überstürzt auf? Ist es wegen der Umstände um den Tod von Hartmuts Frau?"

Der Lokator winkte ab. Er wollte nicht darüber reden. „Ich muss den Kopf freibekommen. Ich kann in dieser Sache kein Recht sprechen."

„Das ist doch sicher nicht das erste Mal, dass eine wegen Giftmischerei und Schadzauber angeklagt wird!"

„Mann, schweig!", herrschte Elias Curt an. Und zum ersten Mal erhob er seine Stimme gegen den Gehilfen. „Ich kann diesen Rechtsfall nicht übernehmen! Ich habe Gisel mit ihren Fähigkeiten als Kräuterfrau unterstützt. Und jetzt soll ich sie anklagen?"

„Aber wenn sie unschuldig ist, dann kannst du sie doch freisprechen!"

Elias wischte mit den Händen über sein Gesicht und keuchte. „Meine Frau ist auch im Kindbett gestorben. So wie Maria. Was hätte ich damals darum gegeben, dass eine wie Gisel anwesend gewesen wäre! Und jetzt? Stirbt Hartmuts Frau trotzdem! Verstehst du? Dieses ganze Kräuterwissen ist tatsächlich nicht viel besser als Giftmischerei!"

Curt nahm einen Stuhl und setzte sich vor Elias. Er kam mit dem Gesicht ganz nahe heran. Curt hatte feine Züge, fast ein bisschen wie die einer Frau. Das fiel Elias erst jetzt auf. „Aber Gisel ist doch nicht schuld an Marias Tod. Oder meinst du auch, dass sie dich verzaubert hat?", fragte er ruhig.

Elias presste die Luft zwischen den Zähnen hervor und blieb ihm eine Antwort schuldig.

„Und was passiert jetzt mit ihr?“

Elias schüttelte den Kopf. „Der Priester hat sie in Gewahrsam genommen. Der Fall wird untersucht. Sie wird freigesprochen, da bin ich mir sicher. Wenn niemand zu Schaden kommt, wird Giftmischerei nicht geahndet. An Marias Tod ist Gisel nicht schuld. Auf diese Weise sind Hartmuts Vorwürfe ein für alle Mal entkräftet.“

Curt riss die Augen auf. „Der Priester zieht ihr doch lebend die Haut ab!“

Elias wich Curts Blick aus. Er senkte den Kopf, spielte mit seinen Fingern. „Der Priester tut ihr nichts. Er muss sich der weltlichen Gerichtsbarkeit beugen. Aber ich hätte Gisel nie so sehr ermutigen dürfen. Dann wäre es gar nicht so weit gekommen. Ich kann nicht über sie Recht sprechen, verstehst du?“

Curt schlug mit der Faust auf den Tisch. „Sich Vorwürfe zu machen, bringt weder dir etwas, noch Gisel!“

Der Lokator stand vom Stuhl auf. „Na gut, dann geh und sieh nach ihr. Aber erst sattle mein Pferd!“

„Ja, Herr!“ Curt stand ebenfalls auf und verließ die Stube.

Elias ging zum Rüstungsständer und nahm das Kettenhemd ab. Vor seinem inneren Auge erschien das Gesicht von Jana. Wer wusste schon, ob in einigen Monaten nicht Gisel hier gestanden und ihm dabei geholfen hätte, die Rüstung anzuziehen? So wie Jana damals? Hatte er nicht Gisel und sich selbst einen schweren Abschied erspart?

Mit dem Kettenhemd in den Armen ließ er sich auf den Stuhl sinken. Er dachte an seine Ehefrau. Wie sie dagelegen hatte, die Laken rot vor Blut, sie selbst so weiß wie die Laken eigentlich sein sollten. Der Säugling reglos auf ihrer Brust, seine Lippen blau angelaufen, der Kopf nach hinten geneigt, das Mündchen weit aufgesperrt. Ein Junge. Dieses Bild würde ihn bis zu seinem Tod verfolgen.

Damals war er nach draußen gerannt, hatte sich auf Blitz geschwungen und war in die Wälder geritten. War drei Tage nicht nach Hause gekommen. Als er wieder ins Dorf zurückgekommen war, hatten die Männer und Frauen ihn erschrocken angesehen, und als er später vor dem Spiegel gesessen hatte, um sich seinen Bart zu stutzen, hatte er begriffen warum. Sein Haar war wirr und im Gesicht trug er die Striemen der Äste, denen er während des Ritts nicht ausgewichen war. Nur ein Schnitt mit der Rasierklinge, dachte er, und er wäre erlöst. Er pfefferte sie in die Ecke. Seine schmutzige Kleidung tauschte er gegen slawische ein. Den alten Elias gab es jetzt nicht mehr.

Er würde nie mehr lieben können. Diese Erkenntnis hatte sich auf ihn gelegt wie ein Fluch. Als er Gisel traf, hatte er ein unbestimmtes Gefühl gehabt, dass sie mit ihren Fähigkeiten als Kräuterfrau den Fluch aufheben konnte. Sie würde niemanden sterben lassen. Sie wusste, was zu tun war. Sie hatte ihre Pflanzen, Salben und Pulver. Außerdem begehrte er ihr feuerrotes Haar, ihre stechend blauen Augen und rosigen Wangen, ihr breites Becken. Es war fast Liebe gewesen. Doch dann hatte Elias' Fluch seine Wirkung sofort wieder entfaltet und Unglück und Tod gebracht.

Er legte den Kopf in die Hände. So verharrte er einen Moment. Dann sprang er auf, der Stuhl kippte nach hinten. Er streifte sich sein Kettenhemd über und schnürte die Stiefel. Er rannte nach draußen, wie damals beim Tod seiner Frau. „Ich brauche Luft zum Atmen!"

Gisel saß in sich gesunken auf dem Stuhl. Nicht nur, dass die Wunden brannten, auch die Fesseln schnitten ihr ins Fleisch. Sie fieberte und hatte flammenden Durst. Die Stille draußen machte sie verrückt.

Plötzlich hörte sie etwas. Stimmen. Waren sie nur in ihrem Kopf – oder waren sie wirklich? Gisel konzentrierte sich. Mehrere Personen redeten aufgeregt durcheinander.

„Jakob! Jakob! Warst du beim Lokator?"

Die Stimme erkannte Gisel. Sie war rauchig, die einer Frau. Es war Katharina. Das Pfarrhaus lag ein wenig abseits von den anderen Häusern, nahe am Haus von Elias. Die beiden mussten zu Elias gelaufen sein. Hatten sie sich bei ihm nach Gisel erkundigt?

„Katharina!" Gisel wollte die Freundin rufen, auf sich aufmerksam machen. Doch ihr Mund war zu trocken. Es kam nur ein Krächzen heraus.

Was passierte da draußen? Die Menschen schienen miteinander zu streiten.

Jemand kreischte. „Wir sind alle verloren!"

„Geht in eure Häuser! Wartet auf weitere Anweisungen!" Das war Curt.

Kurze Zeit später stürmte der Priester herein. Schwer polterten seine Lederstiefel auf dem Lehmboden. Er hastete zu seiner Truhe, kramte ein paar Sachen zusammen. Nahm das Kruzifix von der Wand und verstaute es in seiner Tasche. Dann stürmte er wieder zur Türe.

„Was ist denn los?", fragte Gisel schwach. Es war nur ein Flüstern.

Der Pfarrer wandte sich um. Kniff die Augen zusammen. „Im Dorf ist die Seuche ausgebrochen. Einer der Siedler fuhr auf den Markt in Waldkirchen, drei Tage später hatte er schwarze Beulen am ganzen Körper."

Gisel wurde schwindelig. „Wie …!" Durch einen Nebelschleier sah sie den grinsenden Pfarrer.

„Jetzt erhältst du deine gerechte Strafe direkt aus der Hand Gottes." Er ergriff seine Tasche und wandte sich ab.

Die Türe knallte er zu.

Eine Seuche? Um Gottes willen! Und dieser Gottesmann ließ sie hier alleine zurück? Und wer war der Kranke?

Würde sie jetzt vor Hunger zugrunde gehen oder am Siechtum sterben? Oder verlor sie zuvor ihren Verstand? Gisel schüttelte den Kopf, doch sie konnte keinen klaren Gedanken fassen.

Erneut hörte Gisel ein Knirschen von Schritten vor dem Haus.

Sie nahm ihre letzte Kraft zusammen. „Hilfe!"

Jemand rüttelte an der Tür und stieß sie auf. Es war Curt!

Er blieb wie angewurzelt stehen. „Gisel, in Gottes Namen! Hat dich der Priester so zugerichtet?"

Gisel wimmerte.

„Sprich nicht!“, rief er und lief zu ihr. Er löste die Fesseln.

Gisel bedeckte vor Scham ihren Körper mit den Lumpen, die in Fetzen von ihrem Oberkörper hingen. „Wasser!“, bedeutete sie mehr mit ihrer Hand als dass sie das Wort tatsächlich aussprach.

Curt blickte sich um, sah einen Eimer neben der Feuerstelle. Er schöpfte Wasser daraus in einen Becher und gab Gisel zu trinken. Begierig schüttete sie die Flüssigkeit in sich hinein, sodass Curt sie zur Mäßigung anhalten musste und ihr schließlich den Becher fortnahm. Er zog sie vom Stuhl hoch und legte ihr seinen Umhang um.

Gisel umklammerte mit beiden Händen die Stuhllehne, um stehen zu können. Ihre Beine zitterten.

„Du musst von hier verschwinden. Alle versuchen sich vor einer schlimmen Seuche zu retten. Stephan hat es schon erwischt. Bald werden die Häuser verbarrikadiert und es gibt kein Entrinnen mehr!“

„Stephan?“, wiederholte Gisel beklommen.

Curt musterte sie von oben bis unten. „Kannst du laufen?“

Gisel nickte. Sie tat einen Schritt, wankte und hielt sich wieder an der Stuhllehne fest.

Sie blickte Curt ratlos an. „Aber wohin soll ich denn gehen?“

„Keinesfalls in eine andere Siedlung. Die Seuche wütet im ganzen Land! Man wird dich wieder fortschicken. Such dir ein Versteck! Etwas, wo du für mehrere Monate bleiben kannst!“

„Kann ich nicht einfach hierbleiben?“

Curt schüttelte heftig den Kopf. „Damit Hartmut oder der Priester dich am Ende noch massakrieren? Glaub mir, die machen dich auch noch für die Seuche verantwortlich!“

„Aber der Priester ist geflohen!“

Curt sah sie einen Moment an. „So oder so, du bist hier nicht sicher!“, entschied er.

Gisel seufzte schwer. Unsicher ging sie zur Tür. Ein Versteck? Da fiel ihr nur eines ein.

„Warte!“, rief Curt sie zurück. „Hier, nimm wenigstens dieses Jagdmesser mit.“ Er löste die Waffe von seinem Gürtel und reichte sie ihr. Gisel fuhr mit dem Daumen über die Klinge. Sehr scharf war sie nicht.

Während Gisel das Messer betrachtete, sah Curt sich im Haus des Priesters um. Von der Decke hing ein Brotkorb. Er griff hinein, nahm einen Laib heraus und übergab ihn Gisel. „Beeil dich. Die Männer des Grafen sind bald hier und sehen nach dem Rechten!“

Curt schritt zur Tür und öffnete sie. Bevor er hinaustrat, wandte er sich noch einmal um und hob die Hand zum Abschied. „Viel Glück, Gisel! Ich hoffe, wir sehen uns wieder.“

Gisel stand einen Moment lang alleine im Haus des Priesters und konnte keinen klaren Gedanken fassen. Sie sah auf den Laib Brot herab. Seine Kruste war dick und schon fast schwarz. Viel war das nicht, um in der Wildnis zu überleben.

Sie ließ ihren Blick durch die karge Behausung schweifen. Sie nahm die beiden Amulette auf dem Tisch wahr. Sie griff danach und schleppte sich aus der Hütte.

Dicke schwarze Wolken hingen über der Siedlung. Die ersten Tropfen fielen vom Himmel und hämmerten aufs Dach der Hütte des Priesters, erst langsam, dann immer schneller. Alles war wie ausgestorben, als hätte die Seuche schon jeden dahingerafft. Gisel mühte sich nach vorn gekrümmt über den Anger und setzte dabei bedächtig einen Schritt vor den anderen.

Die Fenster des Hauses von Stephan waren mit Brettern vernagelt. Ein Banner mit einem schwarzen Kreuz flackerte vor der Türe im Wind. Gisel erschauderte. Die Fenster der anderen Häuser waren mit Fellen behangen. Da, bei Katharinas Haus rührte sich doch etwas! Gisel kniff die Augen zusammen. Ihr Herz klopfte. Vielleicht konnte ihr die Freundin helfen! Doch da war nichts. Ihr mitgenommener Verstand musste ihr einen Streich gespielt haben.

Sie blickte zu ihrer eigenen Hütte hinüber, die friedlich dalag. Dort befand sich ihr ganzer Vorrat an Heilkräutern. Die würde sie brauchen, um ihre Wunde zu versorgen. Sie musste vermeiden, dass die sich entzündete. Bekümmert sah sie hoch zum Himmel. Sie würde ein weites Stück zurücklegen müssen. Konnte sie die ganzen Tontiegel in ihrem Zustand mit sich schleppen? Oder nur die wichtigen? Sie würde den Weg auch so schon kaum schaffen. Und wenn jemand kam und sie hier im Dorf erwischte? Nein, sie musste machen, dass sie fortkam. Kräuter konnte sie auch in der Umgebung ihres Versteckes finden. Beklommen wandte Gisel sich vom Haus ab und setzte sich mühsam in Richtung Saußbach in Bewegung.

TEIL 4

BUCHBERGER LEITE, SOMMER 1348

Gisel taumelte vorwärts, immer weiter. Das Leinenunterkleid scheuerte an der Wunde auf ihrem Oberkörper. Der Schmerz trieb ihr die Tränen in die Augen. Sie biss sich auf die Unterlippe. Irgendwie musste sie diese Katastrophe überleben. Das war ihr einziger Gedanke, der sie antrieb. Die Schönheit der Landschaft, die Erinnerung an Elias, all das war jetzt nicht wichtig. Sie musste zur Höhle.

Das war natürlich nicht so einfach, denn zu allem Überfluss schüttete es in Strömen. Ständig rutschte Gisel mit ihren flachen Schuhsohlen auf den glatten Steinen und Wurzeln aus. Sie war bald durchnässt bis auf die Haut. Wenn sie den heutigen Tag überlebte, dann war das ein Wunder!

Nach einer gefühlten Unendlichkeit hatte sie den Weg geschafft! Vor ihr baute sich die Felswand auf. An den kahlen Stellen glänzte der Stein dunkel vor Nässe. Doch hauptsächlich war er mit Moos, Farnen und Efeu bewachsen, ganz anders als im Frühjahr. Dicke Tropfen fielen von den Blättern und Ästen herab und sickerten durch den Stoff bis auf die Haut.

Sie sah sich um. Wo war noch einmal die Stelle mit der Höhle gewesen? Hier war sie damals mit Elias den Pfad von der Schlucht aus zurückgegangen. Hier hatte sie sich noch einmal umgedreht. Dahinter musste die Höhle sein! Sie wankte hinüber. Wider Erwarten musste sie sich nicht mühevoll den Weg durch das Pflanzenwerk bahnen, sondern konnte einem vom Wild ausgetretenen Pfad folgen. Sie tastete die tropfnassen Ranken ab. Das Dickicht gab nach! Der Untergrund war nicht hart, die Zweige ließen sich nach hinten drücken.

Mit beiden Händen schob sie das Blattwerk zur Seite. Dahinter verbarg sich ein dunkler, feuchter Raum. Der Geruch von Aas schlug ihr entgegen. Sie kroch durch das Dickicht hinein. Die Höhle war vielleicht fünf Schritte breit, aber sehr hoch. Gisel konnte leicht aufrecht darin stehen.

Wie tief sie in den Fels hineinreichte, konnte sie nicht sehen, denn der hintere Teil lag in tiefschwarzer Finsternis.

Gisel rollte sich auf dem Boden zusammen. Wenigstens war er mit Erde, vertrocknetem Laub und Wurzeln bedeckt, sodass sie sich nicht gleich verkühlte. Draußen tropfte der Regen unaufhörlich weiter, rauschte der Bach tosend dahin.

Gisel seufzte. So schnell konnte sich das Schicksal wenden. Es stellte sich nicht mehr die Frage, ob Lorenz oder Elias. Ob frei oder unfrei. Jetzt ging es nur noch ums nackte Überleben. Wie bitter diese Erkenntnis doch war! Nach all den Strapazen und Mühen des ersten Jahres im Aigen war ein besseres Leben greifbar nahe gewesen. Alles umsonst. Alles dahin. Gott gab und Gott nahm. Und fragte nicht lange.

Gisel lief durch die rabenschwarze Nacht. Nur der Mondenschein erleuchtete ihr schwach den Weg. Büsche und Sträucher peitschten gegen Arme, Beine und Gesicht. Die Striemen brannten auf ihrer Haut. Ein Rabe schreckte auf und flog kreischend davon. Langsam verklang das Flattern seiner Flügel. Ein Wolf heulte in der Ferne. Gisel war kalt. Sie zitterte. Stolperte, raffte sich wieder auf.

Auf einmal hüpften drei helle Punkte durchs Dickicht, kamen näher.

„Gisel! Gisel!“, wisperten die Irrlichter und tanzten vor ihren Augen auf und ab.

Gisel streckte ihren Arm aus, doch sie wichen aus und stoben davon, immer nur so weit, dass Gisel sie nicht erwischen konnte.

Plötzlich gellte ein Schrei, fuhr Gisel durch Mark und Bein. Hallte als Echo zwischen dem Fels hin und her.

„Gott, hilf uns armen Sündern!“ Gisels Lippen bewegten sich lautlos.

Der Schrei schwoll an, kam näher und näher. Er ging durch Gisels Glieder und krampfte ihr Herz verkrampfte sich. Dort, wo die Äste sie berührt hatten, glühte ihr Körper wie Feuer. Es zischte und dampfte. Es stank nach verbranntem Fleisch.

Gisel tastete nach dem Slawengott um ihren Hals und umklammerte ihn. „Peruuuuuun!“ Gisel schrie sich die Seele aus dem Leib. „Peruuun!“

Plötzlich herrschte Stille. Gisel hörte nur noch ihren eigenen keuchenden Atem.

Sie erwachte. Sie musste lange in der Höhle geschlafen haben, denn durch den Eingang hindurch kitzelten jetzt verirrte Sonnenstrahlen ihre Nase. Ihr ganzer Körper schmerzte, ihr Kopf hämmerte, und sie fühlte sich zu schwach, um aufzustehen.

Sie hustete. Von der Anspannung ihrer Lungen brannten die Wunden noch unangenehmer. Ihre Kleidung war völlig durchnässt. Sie musste sie ausziehen! Sie zog sich das zerrissene Kleid über den Kopf. Als sie die Haube aufband, fielen ihre roten Haare schwer auf die Schultern. Das dünne Unterkleid behielt sie an. So nackt, wie Gott sie geschaffen hatte, wollte sie selbst in der Wildnis nicht herumlaufen. Sie kämpfte sich auf die Beine und trat mit den Kleidern unter dem Arm nach draußen. Die Sonne blitzte durch das grüne Blätterdach und spiegelte sich im Bach. Gisel hob die Hand vor die Augen.

Sie ging zum Bach und wusch vorsichtig die Wunden aus. Dann trank sie und das Brennen im Mund verschwand. Sie blickte sich um. Nichts in Sichtweite konnte sie zur Unterstützung der Heilung nutzen.

Ihr Gewand hängte sie zum Trocknen an den Büschen und Ästen vor der Felswand auf. Dann setzte sie sich in die Sonne, schob den Saum des Unterkleides nach oben und genoss die Strahlen auf Gesicht und Beinen. Sie legte Feuerschläger und Feuerstein neben sich, damit diese ebenfalls trocknen konnten. Sie setzte sich vor die Höhle und aß ein Stück von dem Brot, das sie aus dem Haus des Priesters mitgenommen hatte. Es schmeckte fade, aber die dicke Kruste hatte es halbwegs trocken gehalten.

Die Natur hier war so friedlich. Die Seuche, die gerade unter den Menschen wütete, konnte ihr nichts anhaben. Wie lange war das Wasser schon dieses Bachbett hinabgeflossen und wie lange würde es das noch tun? Gisel atmete tief ein. Die Luft roch würzig, nach Nadeln und Harz. Mit den Sonnenstrahlen, die ihren Körper bis in die Fingerspitzen durchströmten, kam allmählich ihre Zuversicht zurück. Immerhin war sie mit ihrem Leben davongekommen.

Gisel nahm die halbe Münze von ihrem Hals ab und besah sie sich. Sie hatte sie immer poliert, und so funkelte sie noch mehr als an ihrem Hochzeitstag. Sie wog die Münze in der Hand. Was sollte sie jetzt noch damit? Lorenz hatte sie verlassen. Gott hatte sie verlassen. In hohem Bogen warf sie das Amulett in den Bach, dass es platschte. Gurgelnd und gluckernd trug das Wasser das Kleinod mit sich. Sie fühlte sich, als hätte sie sich von einer Last befreit.

Gisel saß mit geschlossenen Augen an den Fels vor der Höhle gelehnt und genoss die Sonne. Da fiel plötzlich ein Schatten auf sie. Erschrocken riss sie die Augen auf. Ihr entfuhr ein Schrei. Über ihr stand ein Mann! Sie zog den Saum des Kleides über ihre Beine und raffte den zerrissenen Kragen zusammen.

Er hatte sein blondes Haar zum Pferdeschwanz gebunden. Sein Gesicht war gebräunt, wodurch seine blauen Augen scharf hervorstachen. Quer über die Wange zog sich eine wulstige Narbe.

Gisel wich alles Blut aus dem Gesicht. Sie erkannte den Mann. Panisch versuchte sie, sich an der Mauer hochzuziehen. Rutschte ab. Ihre Finger vergruben sich in den Dornen.

Der Fremde hob beschwichtigend die Hände.

„Ich habe nichts! Geh weg!“ Gisel schrie so laut, als wolle sie ein wildes Tier verscheuchen. Mit der Hand tastete sie über die Erde. Sie fand einen faustgroßen Stein, den sie nach dem Mann schleuderte.

Der wich zur Seite aus, doch der Stein hätte ihn ohnehin nicht getroffen. Er runzelte die Stirn. Dann verzog er seinen Mund zu einem Grinsen. „Ich kenne dich“, sagte er langsam und in gebrochenem Deutsch. „Du hast dich unter dem Bett versteckt.“

Gisel rang nach Luft. Das war der Slawe, der sie überfallen und ausgeraubt hatte! Und jetzt zog dieser Slawe ihr die Haut ab, wie sie das aus den Schauergeschichten gehört hatte? Oder … Nein, an jenem Tag hatte er sie durch und durch lüstern angeglotzt. Der würde etwas ganz anderes mit ihr anstellen!

„Geh weg! Mein Mann kommt gleich zurück! Der wird dir Beine machen!“, fauchte sie.

Der Slawe grinste. „Ich habe dich schon eine Zeit lang beobachtet. Du hast keinen Mann bei dir. Du bist alleine." Er sprach die Vokale sehr dunkel und rund.

Gisel verstummte. Mit angstgeweiteten Augen sah sie ihn an. Sie beobachtete jede seiner Bewegungen. Was würde er jetzt tun?

Der Slawe kniete vor ihr nieder. Berührte sie mit der Hand. „Du bist verletzt. Du brauchst Hilfe!"

Gisel wimmerte. „Nein, nein! Mein Mann kommt gleich. Lorenz! Lorenz!"

Der Fremde lachte sie aus. Zog sie grob an beiden Händen hoch, sodass Gisel vor Schmerz aufschrie. Ohne viel Federlesens warf er sie über seine Schulter.

Gisel schlug und trat.

Der Slawe trug sie unbeeindruckt weiter. Wohin brachte er sie? War das jetzt ihr Ende?

Mit Gisel über der Schulter durchwatete der Slawe das Wasser. Der Bach machte hier eine Biegung und verschwand hinter der massiven Felswand, die wie ein Koloss in der Landschaft stand. Auf der anderen Seite wurde das Ufer breiter. Eine gut versteckte Stelle, eingekesselt von Berghängen, wurde sichtbar. Am Talrand erkannte Gisel eine Handvoll Hütten. Es waren einfache Konstruktionen aus Holz, nicht so solide wie die Bauten der Siedler. Die Dächer waren mit Zweigen abgedichtet. Zwischen den Hütten brannte ein kleines Feuer, an dem drei bullige Männer hockten. Der erste hatte einen nackten, gebräunten Oberkörper, die Muskeln seiner Oberarme waren furchteinflößend. Er hatte lange, braune Haare und einen Vollbart. Der zweite trug ein blaues Wams. Sein kurzes Haar war rötlich und seine Haut sehr blass. Der dritte Mann trug eine hellbraune Kapuzenjacke, aus der sein kahler Kopf herausstach. Eine Frau saß etwas abseits am Fluss und rupfte ein Huhn. Drei stämmige Pferde standen grasend auf der Lichtung, ein Schimmel und zwei Braune.

Der Blonde sagte etwas auf Slawisch zu den Männern, setzte Gisel ab und stieß sie nach vorne. Ihr Herz klopfte ihr bis zum Hals.

Die Männer wandten ihre Köpfe zu dem Mann mit der Glatze. Der ließ seinen Blick auf Gisel ruhen. „Warum bist du hier?", fragte er. Sein Akzent hörte sich abgehackt und hart an. Er war wohl der Anführer.

„Im Dorf ist eine Seuche ausgebrochen!" Gisels Stimme zitterte. Sie zog ihr Unterkleid über der Brust zusammen. Sich ihrer Blöße peinlich bewusst fuhr sie mit der anderen durch ihr offenes Haar.

Der Anführer nickte stumm und deutete auf sie. „Was ist mit dir passiert?"

„Ich wurde gefoltert", sagte sie trocken.

„Warum?"

Gisel schluchzte auf. „Ich wurde beschuldigt, eine Giftmischerin zu sein."

Die Männer musterten sie von oben bis unten. Der Anführer sagte etwas auf Slawisch zu dem Blonden mit der Narbe, der sie hergebracht hatte. Sie verfielen in eine Diskussion, die immer lauter und hitziger wurde.

„Nje! Nje!", rief der Blonde und schüttelte heftig den Kopf.

Gisel sah von einem zum anderen. Was geschah hier? Stritten sich die Männer darum, wie es mit ihr weiterging?

„Gut, gut!", sagte der Glatzkopf. „Wir … wie sagt man … rasten hier den Winter über. Wenn du dich als nützlich erweist, kannst du dich uns anschließen."

Gisel fiel vor ihm auf die Knie. „Danke, Herr! Danke", stieß sie aus. „Ich kann Holz sammeln, das Feuer bewachen und ich kenne mich mit Kräutern aus!"

Der Glatzkopf winkte den Blonden heran. „Radek!" Dann bellte er etwas auf Slawisch.

Radek verschwand in einer kleinen, laubbedeckten Hütte und kam kurze Zeit später mit einem Kleiderbündel heraus. Er warf es Gisel zu.

Die griff danach, konnte sich wegen ihrer Wunden aber nicht genug strecken. Die Kleider fielen zu Boden. Gisel musste sich danach bücken. Sie stöhnte. Die hölzerne Figur von Perun fiel ihr aus dem zerrissenen Kragen.

Der glatzköpfige Anführer deutete auf die Holzfigur und runzelte die Stirn. „Woher hast du das?", fragte er.

„Von ... von unserem Lokator", stotterte Gisel und umklammerte das Kleiderbündel vor ihrer Brust.

Der Glatzkopf grinste breit. „Ein sehr ..." Er unterbrach sich und schien zu überlegen. Er bellte ein slawisches Wort in Radeks Richtung.

„Gütig!", übersetzte Radek.

„Ah!" Der Anführer grinste breit. „Ein sehr gütiger Mann!"

Gisel runzelte die Stirn. „Gütig? Warum? Ihr habt doch unser Dorf überfallen?"

Die Männer lachten laut.

„Hat er euch nicht gesagt, dass er mit uns verhandelt hat? Damit wir euch am Leben lassen? Sonst hätten wir euch abgeschlachtet wie die Säue. Wir hatten mehr Männer, schnellere Pferde und schärfere Schwerter."

„Er hat euch bezahlt?"

„Das hat er. Kurz vor Ausbruch der Seuche war er noch einmal hier. Er hat euch im Stich gelassen, nicht?"

Gisel schluckte schwer. Ja, das hatte er. Er hatte sie fallen gelassen. Dieser fremde Slawenanführer, der Katharina und Jakob fast umgebracht hatte, sprach die grausame Wahrheit aus. Es war wie ein Schlag ins Gesicht.

„Und ... und jetzt überfallt ihr das Dorf wieder?" Gisel bangte um die Dorfbewohner, die sich nun in ihren Häusern verbarrikadierten und sich nicht wehren konnten.

Der Anführer spuckte aus. „Wir sind doch nicht lebensmüde! Damit wir uns auch die Seuche zuziehen? Wir warten hier den Winter ab und im Frühjahr ziehen wir wieder zurück nach Böhmen. Wir waren lange genug fort. Auch wir wollen nach Hause."

Gisel biss sich auf die Lippen. Doch ihre Neugierde gewann. „Aber warum seid ihr fortgegangen?"

„Die Not. Das Abenteuer. Von allem etwas."

„Die Not ist doch noch da!"

„Siedler werden auch in Böhmen gesucht."

Gisel schwieg und dachte über seine Worte nach.

Der Glatzköpfige stand auf und klopfte sich die Beinlinge sauber. Er deutete auf sie. „Du bist eine Ausgestoßene wie wir. Manch einer von uns hat schon Folter überstehen müssen. Ich hoffe, unsere Gesellschaft passt dir. Sie ist deine einzige Chance zu überleben." Er ließ Gisel stehen und ging hinüber zu den Hütten. Für ihn war das Gespräch beendet.

Obwohl ihr der Slawe gerade seine Hilfe zugesagt hatte, war ihr elend zumute. Radek musste das bemerkt haben, denn er bot sich an, sie zurück zur Höhle zu bringen. Darüber war sie froh, denn die Gesellschaft der Slawen war ihr unheimlich.

In der Höhle lehnte Gisel sich gegen den Fels. Es war kalt und feucht und Gisel fror. Außerdem brannten die Wunden, doch Gisel hatte keine Kraft, sich aufzuraffen, um Kräuter zu suchen. Sie fieberte wieder. Mit Mühe streifte sie sich Hemd und Beinlinge über, die Radek ihr zugeworfen hatte. Zwar waren die Kleidungsstücke ihr zu groß, doch mit einem Strick konnte sie sie enger um ihre Hüften binden. Zum Schluss setzte sie ihre Haube auf.

Vor der Höhle hörte sie ein Scharren und Gisel horchte auf.

„Pani Gisel!" Es war eine Frauenstimme. Die Äste wurden vor der Höhle weggezogen und die Slawin aus dem Lager trat ein. Sie hatte strohblondes Haar und ein breites Gesicht. Über ihr ockerfarbenes Leinenkleid war ein grünes Tuch geschlagen. Gisel betrachtete die Brosche, die den Stoff zusammenhielt. Wie konnten sich die Slawen nur so ein teures Stück leisten? War es gestohlen? Die Frau trug ein Bündel unter dem Arm und eine Holzschale in der Hand. Vor Gisel kniete sie sich hin und legte alles ab.

„Ich habe dir Decken mitgebracht und zwei Schaffelle, damit du es in der Höhle warm hast.“ Sie sprach in einem dunklen, aber sanften Tonfall. Gisel fasste sofort Vertrauen zu ihr.

„Ich kann dir nicht genug danken!“, erwiderte Gisel.

Die Frau deutete auf Gisel. „Zieh dein Hemd aus!“

Ihr Befehlston überraschte Gisel. Aber sie tat, was die andere von ihr wollte. Jetzt saß sie mit vollkommen nacktem Oberkörper da. Auch ihre Haare waren immer noch offen. Sie schämte sich aber nicht, als die andere die Wunden abtastete.

„Die Wunden nässen. Ich habe hier eine Paste aus Zwiebel und Honig. Die trage ich auf und verbinde dich dann.“ Die Slawin nahm die Holzschüssel und trug die Paste auf. „Ich bin übrigens Lidija!“, sagte sie.

Auch wenn Lidija nur sehr vorsichtig über die Verletzung strich, musste Gisel vor Schmerz doch die Zähne zusammenbeißen. Sie lehnte sich zurück und schloss die Augen.

„So, fertig!“ Lidija stand auf und rieb sich die Hände an einem Stück Stoff ab.

Gisel schlug die Lider auf. „Für Verletzungen nehme ich immer Schafgarbe oder Hirschzungenfarn, nach der Lehre der Hildegard von Bingen.“

„Hildegard von Bingen?“, wiederholte Lidija. Sie musste lachen. „Komischer Name! So deutsch!“

„Sie hat vor über hundertfünfzig Jahren gelebt. Aber ihr Wissen über Kräuter war einzigartig.“

Lidija kramte in ihren Utensilien. „Jetzt verbinde ich dir erst deine Wunden. Und dann kannst du mir mehr über diese Hildegard erzählen.

Hier in der Schlucht hört man ja sonst nur die Kriegsgeschichten der Männer!“

Wissend lachten sich die beiden Frauen an.

Mit Lidijas Fürsorge war Gisel bald auf dem Weg der Besserung. Außerdem veranlasste die Slawin, dass Radek ins Aigen ritt, um Gisels Sachen zu holen. Die Kuh und die Essensvorräte waren längst gestohlen worden, aber für die Tontöpfe mit den Heilkräutern und für Gisels Kleidung hatte sich niemand interessiert.

„Das Dorf ist immer noch wie ausgestorben“, erzählte Radek und spielte mit einem Steinchen auf dem Höhlenboden. „Ich war vorsichtig, damit mich keiner sieht. Aber ich glaube, das wäre gar nicht nötig gewesen.“

Sobald Gisel konnte, machte sie sich nützlich. Bald ging sie mit Lidija los, um nach Beeren, Pilzen und jungen Blättern zu suchen. Dabei erzählte Gisel ihr vom Dorf, von Lorenz, Katharina und dem Lokator. Und von Passau, der großen Stadt, in der die Häuser so dicht standen, dass nichts Grünes wuchs und die Kirchentürme bis in den Himmel ragten. Das brachte Lidija zum Staunen. Dann erzählte sie selbst. Wie sie auf der Flucht zum Clan gestoßen war, wie es in ihrer Heimat aussah und welcher der Männer im Lager der zärtlichste war.

„Lass dir nichts vormachen. Sie tun rau und ruppig, aber sie haben allesamt ein weiches Herz! Und hinter verschlossenen Türen sind sie die liebsten Männer und tun alles für ihre Frauen!“, lachte Lidija.

„Du bist nicht verheiratet?“, fragte Gisel verwundert.

Da musste Lidija nur umso lauter lachen.

In der Tat versorgten die Slawen Gisel reichlich mit Nahrung – hier ein Stück des erlegten Wildes, dort einen Laib gestohlenen Brotes oder ein Ei aus einem Vogelnest.

Radek strahlte über das ganze Gesicht, als er Gisel eines Tages zwei Mandelküchlein brachte. „Heute habe ich etwas ganz Besonderes für dich!“

Gisel machte große Augen. „Woher hast du denn die?“

„Warum fragst du das? Du weißt doch, alles kommt von Gott!" Radek zwinkerte Gisel zu und verschwand lautlos aus der Höhle.

Anfangs briet Gisel das Fleisch über dem Feuer vor ihrer Höhle. Bisher hatten die Slawen sie noch nicht in ihr Lager eingeladen. Doch eines Abends kam Radek vorbei und lachte sie herzlich und mit strahlenden Augen an. „Komm, Gisel, wir feiern gerade ein Fest!"

„Welches Fest denn?", fragte Gisel neugierig.

„Eigentlich ist es ein Erntefest, aber wir danken den Göttern für unsere reichliche Beute."

Gisel folgte Radek über den Bach, der durch den steten Regen allmählich wieder mehr Wasser führte, hinüber zum Lager. Dort saßen alle Männer ums Feuer.

Jaro, der Anführer, spielte liebevoll mit einem rosigen Säugling, wiegte ihn in seinen Armen und zog Grimassen. Gisel wurde warm ums Herz. Der unbarmherzige Kämpfer wurde mit seinem Kind im Arm zu einem fürsorglichen Familienvater.

Seine Frau, Alzbeta, saß neben ihm. Ihre langen, dunklen Haare waren mit Bändern zu Zöpfen geflochten. Eine filigrane Borte säumte ihr blaues Kleid. Sie hatte ein spitzes Gesicht, das kränklich wirkte. Ihre Augen waren wässrig und ihre Haut gelb. Lidija hatte Gisel erzählt, dass sich Jaros Frau nur schwer von der Geburt des Säuglings erholte. Deshalb bekam Gisel diese auch nur selten zu Gesicht.

Milan und Vojtech unterhielten sich angeregt. Das Slawische klang fremd in Gisels Ohren und wirkte einschüchternd. Sie konnte sich schwer damit anfreunden. Diese zungenbrecherischen Laute brachte sie ja überhaupt nicht über ihre Lippen, geschweige denn, dass sie sich die Worte merken konnte.

Als Gisels Blick auf Lidija fiel, wurde ihr schlecht. Sie stand etwas abseits der Gruppe neben dem Stamm des größten Baumes der Aue, einer Kiefer mit einer weit ausladenden, sattgrünen Krone. Sie beugte sich über einen Pferdekadaver, der noch dampfte. Mit einer beeindruckenden Klinge war sie gerade dabei, ein großes Stück aus der Flanke zu schneiden. Der Schädel des Tieres war aufgebrochen und das Gesicht überströmt mit vertrocknetem Blut. Das Pferd musste in seinem Todeskampf unendliche Qualen erlitten haben, denn Augen und Maul waren übernatürlich weit aufgerissen. Sein Bauch war aufgeschlitzt und die Gedärme hingen heraus.

Radek beobachtete Gisels Reaktion und lachte sie aus. „Das kennt ihr Christen nicht, wie?"

Gisel schüttelte beklommen den Kopf.

„Deshalb haben wir dich auch erst jetzt zu unserem Fest geholt. Das Ritual zu Ehren der Götter ist vorbei. Jetzt essen und trinken wir und erzählen uns Geschichten!"

Gisel atmete erleichtert auf und ließ sich gerne von Jaros Frau einen Becher reichen. Sie setzte sich ans Feuer und nippte am Bier.

Während das Pferdefleisch über dem Feuer briet, begann Jaro, der Anführer, über die Mythen der Slawen zu berichten. Von Perun, dem Gott des Donners und der Blitze, dessen Figur sie um ihren Hals trug. Von Swarog, dem Schöpfer allen Lebens. Und von Veles, dem Gott der Fruchtbarkeit. Hier untermalte Jaro mit obszönen Gesten seine Worte und berührte Lidija unsittlich. Die warf den Kopf nach hinten und stöhnte übertrieben auf.

Jaro erzählte auf Deutsch, sodass Gisel den Geschichten folgen konnte. Sie war dankbar für seine Geste, denn so fühlte sie sich nicht ausgeschlossen. Es waren Geschichten von Liebe und Hass, Macht und Krieg, wie sie sie im Kloster nie gehört hatte, die sie aber sehr beeindruckten.

Als das Feuer tief in der Nacht heruntergebrannt war, liefen die Männer zu Ehren von Perun mit nackten Füßen über die Glut. Dabei hoben sie zu einem rhythmischen Sprechgesang an, wie bei einer Beschwörung und klatschten in die Hände. Gisel war gebannt, fieberte mit den Männern und bewunderte ihren Mut. Und plötzlich kam ihr eine Erkenntnis. Waren es Erfahrungen wie diese gewesen, die Elias so von Lorenz und den übrigen Männern unterschieden hatten?

BUCHBERGER LEITE, WINTER 1348

Der Winter brach herein und bald fielen dicke Flocken vor dem Höhleneingang herunter. Auch wenn Gisel oft in das Lager ging und Lidija bei der Handarbeit half, saß sie auch viele Stunden alleine in der Höhle und starrte vor sich hin. Dann holten sie die Bilder aus dem Dorf ein, oder Zukunftsangst nagte an ihr. Sie hatte über vieles nachzudenken, musste ihre Gedanken ordnen. Nächstes Jahr würden die Slawen weiterziehen. Was würde sie dann tun? Mit ihnen gehen? Oder sich zurück ins Dorf schleichen, um zu sehen, was sie da erwartete?

Manchmal trieben trieben diffuse Bildfetzen an ihrem inneren Auge vorbei – der Überfall auf dem Säumerweg, die bewusstlose Katharina, das Huhn über ihrer Türe, der Priester, der sich vor ihr aufgebaut hatte. Dann presste sie die Hände an ihre Schläfen, um die Bilderflut zu stoppen. Sie brach in Schweiß aus, stöhnte und zuckte, bis sie schließlich apathisch auf ihre Füße starrte und beim leisesten Geräusch von draußen zu zittern begann. Für sie klang dann alles wie nahende Schritte, das Stochern des Schürhakens im Feuer oder das Quietschen der Türangeln, wenn sie wusste, dass der Priester wiederkam.

Und dann ertappte sie sich dabei, als sie sich fragte, ob die Gemeinheiten der Dechantin am Ende gar nicht so schlimm gewesen waren. Hätte sie der alternden, verbitterten Nonne nur ein wenig mehr Verständnis entgegenbringen müssen? Und waren die anderen Schwestern nicht immer warm und herzlich zu ihr gewesen? Ach Gisel, wie spät kam diese Erkenntnis!

FREIUNG, FRÜHLING 1349

Als nach einem kalten Winter endlich die Bäume sprossen und die Eiszapfen am Bach tauten, verließen die Slawen ihr Lager.

Jeder hatte dem Tag entgegengesehen, und so waren zum Abschied längst alle Worte gesagt. Lidija umarmte sie herzlich. Radek schenkte ihr einen goldenen Armreif. Und Jaro erklärte ihr, welchen Weg die Slawen nahmen, falls sie es sich anders überlegte und doch mit ihnen weiterziehen wollte. Gisel winkte ihnen zu, bis der Tross hinter den Bäumen verschwand. Als Letztes sah sie den Schweif des Braunen, auf dem Radek saß.

Gisel stand im verlassenen Lager und sah sich um. Aus der Pfütze in der Feuerstelle am Bach stieg noch Dampf auf. Die Türen der Hütten waren offen, das Innere leer. Gisel war gefasst. Der Tag war gekommen. Auch für sie war es nun Zeit zu gehen.

Zurück ins Dorf, hatte sie entschieden. Sie war dankbar gewesen für die Gastfreundschaft der Slawen. Doch deren Riten, vor allem wenn sie ihren heidnischen Göttern huldigten, waren ihr fremd geblieben und oft hatte sie sich ausgeschlossen gefühlt, weil sie der Sprache nicht mächtig war. Jetzt sehnte sie sich mit jeder Faser ihres Körpers danach, die Ihren wiederzusehen. Was war aus Katharina und Jakob geworden, aus Curt und Elias?

Sie packte ihre wenigen Sachen zusammen, die sie hatte. Das Jagdmesser. Nähzeug. Den Beutel mit den Feuerutensilien. Dabei wurde sie ganz aufgeregt. Wer wohl die Seuche überlebt hatte? Was würde sie im Dorf erwarten? Wie würden sie die Dorfbewohner begrüßen? Selbst der Gedanke daran, dass auch Hartmut und der Priester zurückgekehrt sein konnten, hielt sie nicht von ihrem Vorhaben ab.

Mit jedem Schritt, den sie dem Dorf näher kam, nahm die Strömung ab und das Rauschen des Baches wurde leiser. Umso lauter aber hörte sie ihr Herz klopfen. Ihre Anspannung wuchs ins Unerträgliche. Sie traute sich kaum zu atmen. Mehrmals sah sie sich um oder lugte erst hinter einem Baum hervor um die Ecke, um nicht unangenehm überrascht zu werden. Schließlich konnte die Unachtsamkeit eines Augenblicks ihr

Leben kosten. So näherte sie sich vorsichtig dem Aigen. Als sie am Fuße der Anhöhe angekommen war, auf der das Aigen lag, setzte sie sich ins Gebüsch am Saußbach und wartete. Ihr Bündel an Habseligkeiten hatte sie neben sich platziert. Gisel beobachtete den Weg, den sie früher immer zum Wäsche waschen genommen hatte. Tatsächlich kam kurze Zeit später eine Gestalt über den Berg herunter. Gisel zitterte. Der Moment war gekommen!

Sie kniff die Augen zusammen. Katharina! Gisel sprang aus dem Gebüsch, dass ihr die Äste die Haut aufkratzten. Sie stolperte über eine Wurzel, raffte sich auf, fing an zu laufen. Weinend vor Freude fiel sie der alten Freundin in die Arme.

„Gisel! Du hast überlebt! Wo bist du gewesen?", rief Katharina aus und drückte sie so fest an sich, dass Gisel keine Luft mehr bekam. Die Narbe schmerzte unter ihrer Brust. „Ich kann es gar nicht fassen! Ich kann es gar nicht fassen!"

„Katharina! Endlich!" Freudentränen rannen ihr über die Wangen. Wie gut es sich anfühlte, die Freundin berühren zu können! Doch Katharina war erschreckend dünn geworden! Sie bestand ja nur noch aus Haut und Knochen! Die Sorge übermannte Gisel. „Was ist mit dem Priester? Und Hartmut?"

Katharina sah fahl aus. Sorgenfalten hatten sich in ihre Stirn gegraben, die vorher noch nicht da gewesen waren. Und war das nicht eine graue Haarsträhne? Katharina aber lachte und winkte ab. „Um die beiden brauchst du dich nicht mehr zu sorgen. Als die Seuche im Dorf ausbrach, sind sie davongelaufen wie die Angsthasen und nicht mehr wiedergekommen! Jakob hat von einem Diener des Grafen gehört, dass Pater Albus sich hat versetzen lassen. Unser Dorf war ihm zu klein und abgelegen!"

Katharina musterte Gisel. „Aber du siehst aus, als könntest du ein Bad und frische Wäsche gebrauchen! Und dann erzählst du mir der Reihe nach, was dir in der Zwischenzeit passiert ist!"

Gisel ging mit Katharina durch das Haus. Es sah aus wie ein Schlachtfeld. Alle Vorräte und das Vieh waren gestohlen, Gefäße und Schalen zerbrochen. Die Dose der Mutter lag entzwei auf dem Regal. Der Anblick brach Gisel das Herz. Nur das Bett war so, wie sie es verlassen hatte.

Die Decke zur Seite geschoben, die Laken zerknittert, als hätte sie erst gestern darin gelegen. Allerdings hatte sich eine Maus an der Seite ein Loch durch die Matratze gebissen. Schweigend stand sie davor und erinnerte sich daran, wie der Priester sie aus dem Bett gezogen hatte.

Gisel stöhnte. „Ohne Lorenz wird es sehr schwer werden."

Katharina legte ihren Arm um Gisels Schulter. Er lastete schwer auf ihr. „Gisel, ich muss dir etwas sagen." Sie bedeutete Gisel, sich auf das Bett zu setzen. Katharina nahm daneben Platz und nahm ihre Hand. „Lorenz ist tot. Ein Bote hat uns die Kunde überbracht. Er ist in Passau an der Seuche gestorben. Sie hat dort die halbe Bevölkerung dahingerafft."

Gisel schossen die Tränen in die Augen. Lorenz war tot? Das hatte er nicht verdient! Sie musste schniefen und ihr Körper erzitterte.

Katharina nahm sie in den Arm. „Wir helfen dir, mach dir keine Sorgen!", sagte sie sanft.

Gisel verharrte einen Augenblick in der Umarmung der Freundin und schluchzte. Als sie sich beruhigt hatte, löste sie sich und wischte sich mit der Hand über das Gesicht. „Lorenz wird fehlen. Schon allein seine Zimmermannskunst war Gold wert."

„Christian hat seine Frau verloren. Vielleicht könnt ihr euch ja zusammentun?"

Gisel schüttelte heftig den Kopf. Der Vorschlag gefiel ihr ganz und gar nicht. Sich wieder einem Mann zu unterwerfen, das lag ihr fern.

„Wer hat denn sonst noch überlebt?", fragte sie und spielte mit einem Strohhalm, den sie aus dem Loch in der Matratze gezogen hatte.

„Meinem Jakob geht es gut. Nachdem der Lokator und der Priester das Dorf verlassen hatten, ist auch Hartmut getürmt. Stephan war der erste, bei dem die Seuche aufgetreten ist. Er und Agnes wurden gleich isoliert. Sie haben es nicht geschafft. Und auch Curt nicht. Tag und Nacht hat er sich für alle abgemüht. Und dann ist er selbst an der Seuche gestorben."

„Curt hat es nicht geschafft?" Gisel starrte Katharina an.

„Graf Johann persönlich ist schon vorbeigekommen und hat nach dem Rechten gesehen“, fuhr Katharina fort und brachte Gisel wieder auf andere Gedanken. „Er hat einen seiner Männer da gelassen, der die Dinge im Aigen regelt. Wir kommen gut mit ihm zurecht. Er kümmert sich auch schon darum, Nachfolger für die verlassenen Hufen zu finden. Mal sehen, wie es weitergeht.“

Gisel sah die Freundin von der Seite an. Trotz der schlimmen Nachrichten konnte sie ihre Freude kaum fassen. Wie gut es tat, wieder mit Katharina zu reden! Wie hatte sie ihre Freundschaft, Nähe und Unterstützung vermisst!

Zusammen begutachteten sie den Kräutergarten. Er war verwildert und mit Unkraut überwuchert, doch Gisel würde ihn schnell wieder richten können. Zum ersten Mal seit Langem war sie voller Optimismus. Jetzt gab es nur noch eine Richtung – aufwärts!

Sie lebte schon seit einigen Tagen wieder im Dorf, da kam ein einsamer Wanderer auf der Straße über den Hügel zum Dorf herauf. Es war ein grauer Tag. Der Himmel war wolkenverhangen und der Nebel hielt sich in den Tälern. Gisel beobachtete den Herannahenden neugierig. Wer das wohl sein mochte? Ein Händler? Der neue Priester? Dann durchfuhr sie ein eiskalter Schauer. Diese Gestalt, diesen Gang erkannte sie! Es war Hartmut! Wie angewurzelt blieb sie stehen, schlug die Hand vor den Mund.

„Grüß dich, Gisel!“ Hartmut grinste sie höhnisch an, als er nähergekommen war. Seine Augen erstachen sie wie Dolche.

Gisel schluckte. Ihre Narbe am Körper begann erneut zu brennen. Sie schlang die Arme um ihren Bauch. „Hartmut, was willst du hier!“ Sie musste sich beherrschen, die Fassung nicht zu verlieren.

„Was denkst du denn? Immerhin bin ich Besitzer einer Hufe im Aigen!“ Er tat erstaunt und zog die Augenbrauen hoch. „Na, freust du dich, mich zu sehen?“

„Nein!“, schleuderte Gisel ihm entgegen. „Das tue ich nicht!“

Hartmuts Augen verengten sich. Er trat einen Schritt auf sie zu, kam mit dem Gesicht ganz nahe an sie heran. Sie konnte sogar die Äderchen in seinen Pupillen sehen. „An deiner Stelle würde ich mich in Acht nehmen!"

Bevor sie etwas erwidern konnte, wandte er sich ab und ging grußlos davon. Gisel starrte ihm nach. Ihr Magen krampfte sich zusammen. Das verhieß nichts Gutes! Gisel raffte ihre Röcke und eilte hinüber zu Katharina, um sich mit ihr zu beratschlagen.

In der Nacht wachte Gisel von einem Poltern im Flur auf. Sie lauschte. Was war das gewesen? Die Erinnerung an den Priester durchzuckte sie. Kam er wieder, um sie zu holen? Jede Faser in ihrem Körper brannte vor Anspannung.

„Gisel! Wo bist du, du Giftmischerin! Zeig dich! Du hast meine Frau auf dem Gewissen!"

Um Gottes willen! Hartmut! Gisel erstarrte im Bett. Sie hätte auf Katharina hören und bei ihnen im Haus übernachten sollen. Jetzt war es zu spät. Niemand würde ihr zu so später Stunde zur Hilfe kommen.

Der Boden knirschte unter Hartmuts Schritten. In der Dunkelheit stolperte er gegen den Tisch. Es rumpelte laut.

Gisel sprang auf. Sie würde nicht im Bett darauf warten, dass er über sie herfiel. In die Stube schien gerade so viel Mondlicht durch das offene Fenster, dass sie Hartmut schemenhaft erkennen konnte. Es war eine laue, aber noch frische Frühlingsnacht.

„Was willst du hier?" Sie versuchte, ihre Stimme fest klingen zu lassen und das Zittern darin mit aller Kraft zu unterdrücken.

„Gerechtigkeit will ich!", schrie Hartmut sie an. „Du hast meine Frau auf dem Gewissen! Und die Seuche hast du auch geschickt!"

Er packte sie bei den Schultern und warf sie aufs Bett. Wollte er sie quälen wie der Priester? Gisel schob die Unterlippe vor. Auf einmal kam eine große Gelassenheit über sie, wie sie sie nie gekannt hatte. ‚Soll er doch', dachte sie. Sie konnte jetzt viel ertragen. Angst hatte sie jedenfalls keine mehr, so oft, wie sie dem Tode schon nahe gewesen war.

Mit den Laken fesselte Hartmut Gisel ans Bett. Sie wehrte sich, doch auch wenn Hartmut nicht danach aussah, hatte er die Kraft eines Ochsen und konnte sie mühelos überwältigen. Er nahm ihr Kinn in seine Hand. Eine Alkoholfahne schlug Gisel entgegen. Gisel zuckte zurück und schloss die Augen. Er fuhr ihr mit den Fingern über den Hals.

„Du verführerisches kleines Luder. Im Vergleich zu dir war meine Maria blass. Alle Männer haben dir zu Füßen gelegen. Doch du? Du hast auf sie heruntergespuckt, keiner war dir gut genug. Außer dem Lokator. Auf den hattest du es abgesehen!"

Gisel wand sich, versuchte seinen Händen zu entgehen. „Ich habe immer versucht, dir und Maria zu helfen. Warum hasst du mich denn so? Warum willst du mich zerstören?"

Hartmut packte Gisel bei den Schultern. Schüttelte sie. „Du hast dich immer für etwas Besseres gehalten! Die Städterin! Die Wunderheilerin! Ich bin hier aufgewachsen. Habe mit meinen zehn Geschwistern dem Land das Essen abgerungen. Unsere Mutter ist früh gestorben und unser Vater hat uns immer mit seiner Gerte verdroschen, wenn wir die Kühe nicht früh genug gemolken oder das Getreide verschüttet haben."

„Aber Hartmut!", rief Gisel. „Ich war doch auch nur eine Sklavin im Kloster!"

Hartmut glotzte Gisel an. Er erstarrte in der Bewegung. Abrupt ließ er sie los, wandte sich ab und setzte sich auf die Bettkante.

Gisel zitterte vor Aufregung. Jetzt kam es! Sie erwartete das Schlimmste, wie beim Pfarrer mit dem Schürhaken. Enttäuschte Männer konnten grausam sein! Doch da vernahm sie ein Schluchzen. Verwirrt öffnete sie ihre Lider wieder. Sie sah Hartmuts Umrisse, seinen Kopf vornüber in die Hände vergraben, der drahtige Körper zusammengesunken.

Vor ihr saß der Mann, der ihr nach dem Leben trachtete. Und sie lag da, wehrlos und ohnmächtig. Doch sie fürchtete sich nicht. Vielmehr überkam sie eine unendliche Traurigkeit. Da konnte die Zukunft noch so aussichtsreich sein, die Vergangenheit ließ einen nie los. Fast fühlte sie mit Hartmut, hätte am liebsten eine Hand auf seinen Rücken gelegt.

Hartmut hörte zu schluchzen auf. Schweigend stand er auf und verließ das Haus.

Gisel schüttelte den Kopf. Immer wieder. Warum tat Hartmut ihr plötzlich leid? Ihre Gedanken trugen sie fort zur Dechantin. Hätte sie auch ihr mehr Verständnis entgegenbringen und hinter die Fassade der Nonne blicken müssen, anstatt sich dem Selbstmitleid hinzugeben? „Du hast alle Freiheit, die Gemeinschaft in gegenseitiger Liebe und Achtung zu gestalten“, hatte Schwester Hildegard gesagt. Hatte sie das gemeint? Diese weise Frau! Was wohl aus ihr geworden war?

Im Morgengrauen beklagte sich die Kuh im Stall laut, weil sie gemolken werden wollte. Jakob hatte sie Gisel gegeben. Gisel aber lag gefesselt im Bett, starrte an die Wand und wartete.

Unterdessen hatte sich Elias wieder einmal im Jagdzimmer des Grafen Johann von Hals eingefunden. Er betrachtete die Szene auf dem Wandteppich. Warum fühlte er sich nur gerade selbst wie der Wolf, der von Reiter und Hunden gehetzt wurde?

„Du hast deine Leute alleine gelassen!“ Der Graf goss sich Wein in einen Becher und stellte den Krug mit einem Klacken wieder auf den Tisch neben sich ab. Er sah Elias dabei nicht an. In seiner tiefen Stimme schwang ein vorwurfsvoller Ton mit.

Elias rang die Hände. „Ich verweilte auf der Burg meines Vaters. Er ist schon alt und lebt nicht mehr lange. Ich wusste nichts von der Seuche! Und dann war kein Durchkommen mehr zurück ins Aigen. Überall waren Straßenbarrikaden und ohne einen triftigen Grund wurde jeder wieder dahin zurückgeschickt, wo er herkam.“

Der Graf ließ Elias‘ Argumente nicht zu. „Du bist im ganzen Böhmerwald bekannt! Du hast Einfluss! Man hätte dich durchgelassen.“

Elias senkte den Blick.

„Du hast dich feige der Verantwortung entzogen!“, sagte der Graf scharf.

Jetzt straffte Elias seinen Körper. „Ich habe Curt mit dem Aigen beauftragt! Er ist ein sehr fähiger Mann.“

„Curt ist tot!“, polterte der Graf da. „Du hast deine Freiheit über das Leben deiner Schutzbefohlenen gestellt! Bis vor Kurzem noch habe ich dich für einen rechtschaffenen Mann gehalten. Du hast mich enttäuscht!“

Elias schluckte schwer. Graf Johann hatte recht. Elias hatte sich der Verantwortung entzogen. Er hatte seine Leute im Stich gelassen. Das Gewicht der Schuld drückte ihn nach unten.

Der Graf aber hatte kein Mitleid mit ihm. Stattdessen setzte er Elias noch mehr unter Druck. „Wie oft bist du schon davongerannt? Hast eine Siedlung aufgebaut und dann deine Zelte wieder abgebrochen? Obwohl der Graf dir alles gegeben hätte – eine doppelte Hufe, Gerichtsbarkeit, Schankrecht, was weiß ich nicht was. Dich auf Knien angebettelt hätte, damit du bleibst. Doch du bist dann weitergezogen zur nächsten Siedlung, um wieder ganz von vorne anzufangen! Befriedigt dich das? Na, sag schon!“

„Nein, es befriedigt mich nicht“, gestand Elias leise.

„Darum pack jetzt deine Sachen zusammen und geh zu deinen Leuten, oder zu dem Häufchen, das noch übrig geblieben ist. Ich, Graf Johann von Hals, lasse dich nicht so einfach davonkommen! Und wehe, du türmst. Dann hetze ich dir meine Hunde auf den Hals!“

Kurz nach seiner Ankunft im Aigen ging Elias hinüber zum Haus von Gisel. Die Luft roch frisch und der Tau glänzte auf den Grashalmen. Gisel war bestimmt schon wach. Kurz warf er einen Blick auf den Kräutergarten. Er sah verkommen aus. Braune Stängel schauten aus der Erde und kaum eine der wenigen Pflanzen, die den harten Winter überlebt hatten, trieb neu aus oder hatte Knospen. Elias‘ Herz klopfte. Was wohl aus Gisel geworden war?

Die Türe stand einen Spalt offen. „Hallo, ist hier jemand?“ Er warf einen Blick hinein. Alles lag durcheinander auf dem Flur.

„Elias!“ Das war Gisels Stimme. Doch sie hörte sich merkwürdig an. Irgendetwas stimmte nicht!

Elias stürzte in die Stube. Er fand Gisel an das Bett gefesselt vor. Sie sah mitgenommen aus. Das Gesicht war gerötet vor Weinen.

Elias stürzte zu ihr. „Gisel! Was ist passiert? Wie lange liegst du hier schon?“ Schnell löste er ihre Fesseln, zog sie hoch, drückte sie an sich. Ihr Körper bebte und zitterte. Er suchte ihre Lippen und wollte sie küssen, doch Gisel stieß ihn fort.

„Hartmut hat mich ans Bett gefesselt. Wo ist er?“, fragte sie kalt.

Elias starrte sie an. Er fasste sich und nickte. Er konnte froh sein, dass Gisel noch lebte. Verzeihen würde sie ihm so schnell nicht, das wurde ihm schlagartig klar. Was hatte er sich denn auch erhofft?

Er stand auf. „Ich gehe ihn suchen“, sagte er ergeben.

„Warte!“, rief Gisel mit fester Stimme.

Elias drehte sich um und zog eine Augenbraue hoch.

Sie streifte eine Schnur über ihren Kopf, streckte ihren Arm aus und ließ eine Holzfigur von ihrer Hand baumeln. Elias erkannte sie. Es war die Figur des Slawengottes Perun, die er Gisel geschenkt hatte. Elias suchte ihre Augen. Sie hatten eine Tiefe und Reife, die vorher nicht da gewesen war.

„Ich habe sie noch!“, flüsterte Gisel.

EPILOG

Gisel stand in ihrem Kräutergarten und sah sich um. Sie seufzte. Es war viel zu tun. Die meisten Pflanzen würde sie mit dem Unkraut ausreißen müssen. Die Beete würde sie umgraben und neu anlegen. Dann konnte alles neu wachsen, blühen und Früchte tragen.

Ein Kleiber flatterte mit einem lauten „Twett" in die Höhe. Gisel blickte ihm hinterher, bis er nur noch ein kleiner Tupfen am Himmel war. Sie ließ ihre Augen über den Zaun hinweg in die Weite des Böhmerwaldes schweifen. Die grünen Kuppen und bewaldeten Hügel erstreckten sich bis zum Horizont. Die höheren Berge waren noch weiß vom Schnee.

Gisel streckte sich lang und sog dabei die Luft ein. Sie roch würzig und feucht. „So riecht die Freiheit!", dachte sie bei sich und spürte ein Kribbeln in jedem einzelnen ihrer Glieder.

Gerhard Ruhland, Max Raab

Das Schramlhaus in Freyung

im Bayerischen Wald

Hardcover, 156 Seiten, 16,80 €
978-3-942509-64-0

Ein lebendiges Heimatmuseum.

Bei dem um das Jahr 1700 erbauten stattlichen Gebäude im Herzen Freyungs handelt es sich um ein echtes Juwel. Und das gleich in mehrfacher Hinsicht. Schon die Architektur beeindruckt. Selbstbewusst präsentiert sich das Gebäude den Besuchern, mit der wohl proportionierten Fassade und dem mächtigen Krüppelwalmdachstuhl. Aber auch das Innere birgt viele Schätze. Die breite Palette der Exponate reicht von Haushaltsutensilien aus früheren Zeiten über wertvolle Hinterglasbilder bis hin zum eindrucksvollen Waffen-Christi-Kreuz. Die im Buch geschilderte Geschichte der Familien, die im Schramlhaus in den letzten 200 Jahren lebten, zeichnet ein eindrucksvolles Bild vom entbehrungsreichen und doch auch oft erfüllenden Leben der Menschen im Bayerischen Wald.

Lukas Haselberger

Zwischen Holz und Stein

Das Leben an der bayerisch-böhmischen Grenze

Hardcover, 160 Seiten, 29,80 €
978-3-947171-27-9

Er sieht das ganz Kleine. Er hat den Blick für das Große. Er hält das Vergängliche fest. Lukas Haselberger ist in Finsterau aufgewachsen. Das Erweiterungsgebiet des Nationalparks Bayerischer Wald ist ihm eine Heimat „Zwischen Holz und Stein". Seit seinem 12. Lebensjahr fotografiert er sie mit Leidenschaft. Springspinnen schaut er mit einem selbstgebauten „Makroschlitten" ins Auge. Wo die Natur Menschenwerk zurückerobert, drückt er auf den Auslöser. Der getarnte Raufußkauz entgeht ihm nicht. Momentaufnahmen einer Landschaft auf dem Weg zum Nationalpark.